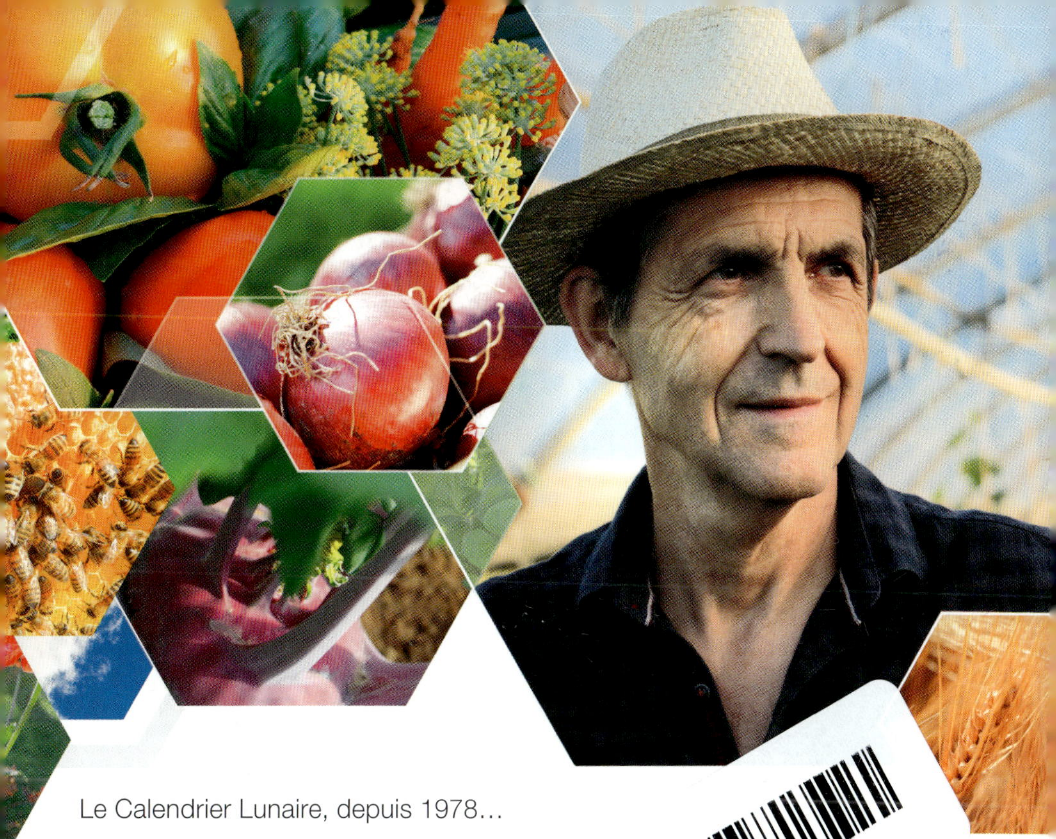

Le Calendrier Lunaire, depuis 1978…

"J'aime commencer la journée en faisant un tour dans le [illegible] m'apaise tout en me donnant de l'énergie. Cultiver la terre est un m[illegible] est aussi une façon d'être plus proche de la Nature. Dans cette optique, [illegible] naturels devient une évidence, de même que prendre en considération les l[illegible]es pour mieux être en accord avec le rythme des plantes. C'est le fait de considére[illegible]ure dans son ensemble qui pour moi fait sens."

Michel Gros

Originaire du monde paysan, Michel Gros se tourne très jeune vers la culture biologique et commence sa propre exploitation maraîchère en 1975. Soucieux de produire des légumes de qualité tout en respectant la nature, il s'intéresse aux connaissances des anciens, qui observaient la nature et tenaient compte des influences lunaires pour cultiver la terre. Constatant lui-même l'impact de ces influences sur ses cultures, Michel décide alors de "travailler avec la Lune".

Synthèse d'un savoir astronomique et ancestral, le Calendrier Lunaire voit le jour en 1978 sous l'influence de Pierre-Henri Meunier. Très vite, Michel et un petit groupe de bénévoles aident à sa réalisation. C'est là que Michel fait la rencontre de Noël Vermot-Desroches, rencontre décisive, car c'est à eux qu'on demandera d'assurer la pérennité du Calendrier Lunaire. Au fil des années, leur travail en synergie permettra d'en faire évoluer le contenu, que Michel enrichira également par ses essais et sa mise en pratique sur le terrain. L'équipe se compose aujourd'hui de quatre personnes, car Samuel et Clément, deux fils de Michel, se joignent à l'aventure et apportent un regard nouveau en participant tout aussi activement à la réalisation du Calendrier Lunaire.

SOMMAIRE

Le calendrier est établi en heure légale française

Pour la France, la Suisse, la Belgique et le Luxembourg, toutes les données, été comme hiver, correspondent à l'heure de vos montres. Pour les autres pays, voir le tableau page 96.

Couverture : Clément Gros
Infographie : B. Riboulet 04 76 98 77 11
Impression : FOT 69 Pusignan 04 72 05 19 65
Façonnage : Brochex 69 Vénissieux 04 72 51 59 39

COMPRENDRE LA LUNE

Le phénomène des marées nous révèle toute l'ampleur de l'influence lunaire sur la Terre. Les scientifiques ont d'ailleurs réalisé que la croûte terrestre elle-même s'élevait jusqu'à 50 cm lors de la marée haute. Mais l'influence des différents cycles lunaires ne s'arrête pas seulement à cette conséquence bien visible...

A force d'observation et d'expérience, nos ancêtres avaient appris à rythmer leurs actions sur les cycles lunaires et à en tirer bénéfice dans de nombreux domaines. Aujourd'hui c'est notre héritage de pouvoir mettre en pratique ces connaissances.

Lune croissante et décroissante

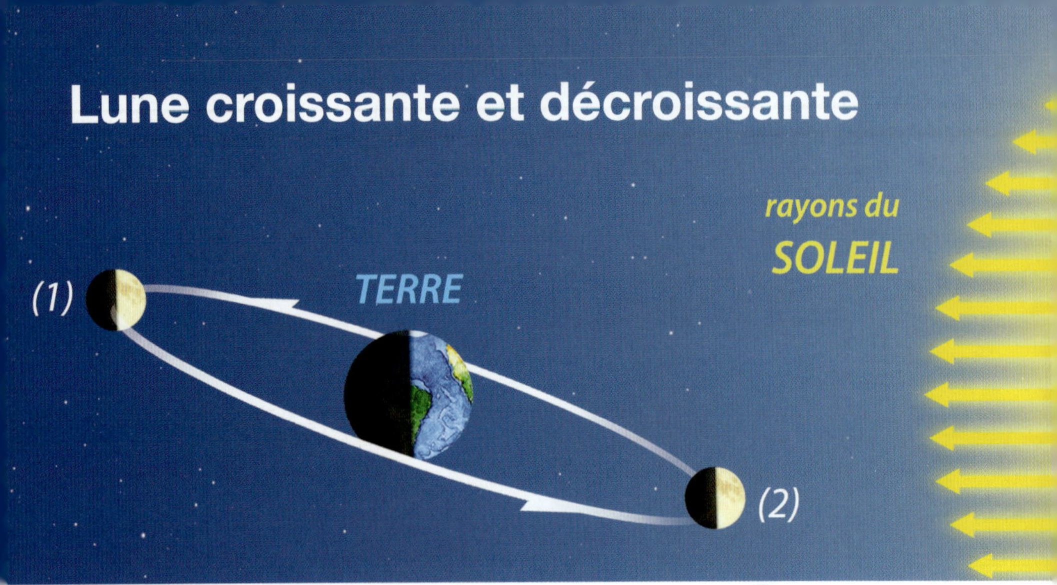

Observée depuis la Terre : position 1 = 🌕 ***Pleine lune****, position 2 =* ⚫ ***Nouvelle lune***

Le cycle de la lune croissante/décroissante correspond à l'augmentation ou à la diminution de la surface éclairée de la lune visible de la Terre.

Lorsque la Lune se trouve entre la Terre et le Soleil (position 2 dans le schéma ci-dessus), sa face éclairée par le Soleil n'est pas visible depuis la Terre, c'est la nouvelle lune, symboliquement représentée par un disque noir. Puis en tournant autour de la Terre, la Lune va laisser apparaître un croissant qui va augmenter jusqu'à devenir un disque lumineux plein. La Lune se trouve alors à l'opposé du Soleil par rapport à la Terre (position 1), sa face éclairée est visible dans sa totalité : c'est la pleine lune.

Le cycle de la lune croissante/décroissante est un des aspects les mieux connus de la Lune observée depuis la Terre, il commence par la nouvelle lune et se termine à la nouvelle lune suivante. Ce cycle correspond à la **révolution lunaire synodique qui dure 29 jours 12 heures et 44 minutes en moyenne.** Les phases lunaires indiquées dans le schéma ci-dessous, sont les stades les plus connus du cycle de la lune croissante/décroissante.

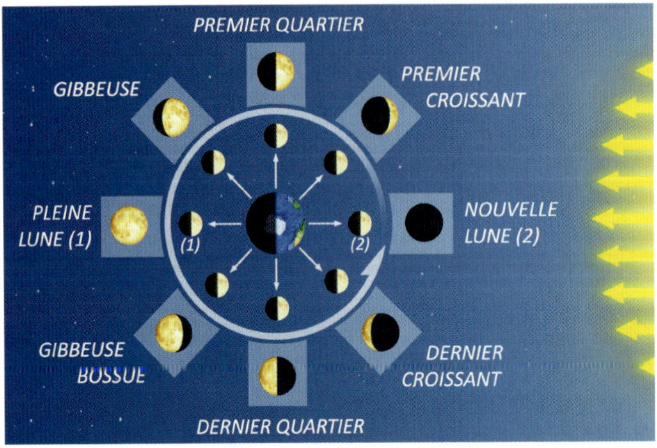

Pour mieux illustrer cette révolution, imaginons le dessin ci-dessus vu d'en haut, comme dans le dessin ci-contre : le cercle de lunes le plus proche de la Terre représente les principales positions de la Lune lors de son orbite. À chacune de ces positions correspond un dessin (sur l'extérieur du cercle) qui représente la Lune telle que nous la voyons depuis la Terre lors de cette position donnée.

LUNE CROISSANTE :
de la nouvelle lune à la pleine lune

La Lune est croissante dans la période qui s'écoule de la nouvelle lune à la pleine lune : chaque jour, la surface lumineuse augmente.
Dans le calendrier, la couleur de la courbe s'éclaircit.

LUNE DÉCROISSANTE :
de la pleine lune à la nouvelle lune

La Lune est décroissante dans la période qui s'écoule de la pleine lune à la nouvelle lune : chaque jour, la surface lumineuse diminue.
Dans le calendrier, la couleur de la courbe s'assombrit.

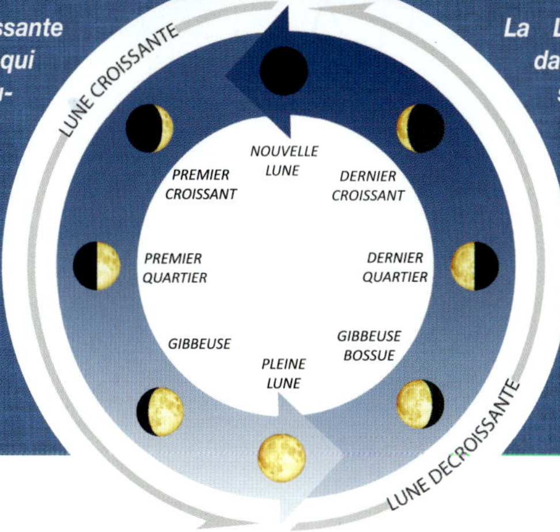

LES INFLUENCES DE LA LUNE CROISSANTE

Pendant la lune croissante, la vitalité des plantes augmente. Plus on se rapproche de la pleine lune, plus les plantes sont à même de lutter contre les parasites et les maladies, plus elles peuvent vivre longtemps dans un vase, en cave ou en silo.

Les plantes cueillies en lune croissante transmettent plus de vitalité à ceux qui les consomment.
Le compost s'échauffe davantage, les purins de plantes réalisés à ce moment-là seront de meilleure qualité…

LES INFLUENCES DE LA LUNE DÉCROISSANTE

Pendant la lune décroissante, la vitalité des plantes diminue, au profit de leur énergie spécifique. La plante possède donc moins de vitalité, mais couleurs, odeurs et saveurs sont davantage perceptibles. Les propriétés diététiques ou médicinales sont donc plus prononcées. Toutefois, la conservation de la plante dans son état frais est plus difficile.

Cette période est favorable pour les conserves, les confitures, la mise en bouteilles du vin. L'efficacité des insecticides et des fongicides est renforcée…

Comment savoir si la Lune est croissante ou décroissante ?

Dans l'hémisphère Nord, un simple coup d'œil permet de savoir si la Lune est croissante ou décroissante. Quand on peut dessiner un " **p** " avec le croissant de lune, la Lune est croissante (**p** comme **p**remier quartier). Si c'est un " **d** ", la Lune est décroissante (**d** comme **d**ernier quartier).
Quand la Lune est croissante dans l'hémisphère Nord, elle l'est également dans l'hémisphère Sud ; cependant, la vision qu'on en a étant inversée : lune croissante = **d** et lune décroissante = **p**. Dans les régions équatoriales, on la voit couchée.

Lune montante et descendante

On confond souvent la lune montante (ascendante) avec la lune croissante alors qu'il s'agit de deux phénomènes bien distincts. En effet, le cycle montant/descendant de la Lune, correspond à sa position dans le ciel alors que le cycle croissant/décroissant de la Lune, correspond à sa surface éclairée (voir p. 4). La Lune peut donc par exemple, être montante, tout en étant croissante ou décroissante.

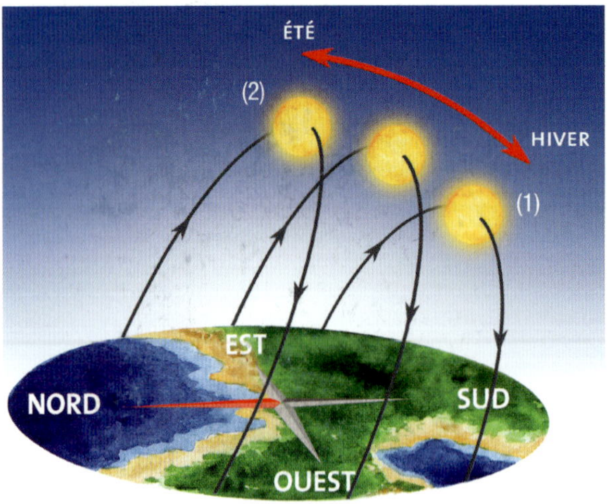

Pour bien comprendre le cycle montant et descendant de la Lune, on peut le comparer au parcours effectué par le Soleil sur une période d'un an (voir dessin ci-contre).
En hiver, dans l'hémisphère Nord, l'arc de cercle décrit par le Soleil dans le ciel est très court. À midi, lors du solstice d'hiver, le Soleil se trouve à sa position la plus basse de l'année (1). Puis au fil des mois, à mesure que l'on se rapproche de l'été, l'arc de cercle décrit par le Soleil va s'agrandir progressivement. À midi, la position du Soleil dans le ciel sera de plus en plus haute, jusqu'à atteindre son maximum lors du solstice d'été (2).

Ainsi, Le Soleil est montant pendant les six premiers mois de l'année et descendant pendant les six derniers mois, et ainsi de suite. La Lune réalise un parcours similaire, mais **sur une période moyenne de 27 jours 7 heures et 43 minutes, c'est la lune montante/descendante appelée également révolution lunaire périodique.** On parle souvent de printemps lunaire lorsque la Lune est montante et d'automne lunaire lorsqu'elle est descendante.

Dans l'hémisphère Sud, la lune montante/descendante est inversée par rapport à l'hémisphère Nord (voir p. 8).

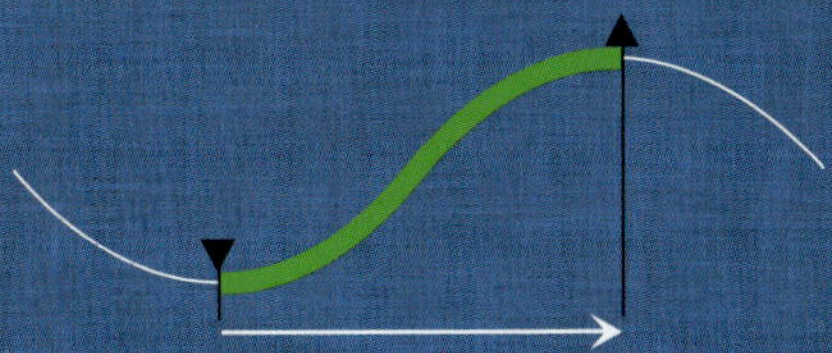

LUNE MONTANTE

Pendant la lune montante (ou ascendante), l'arc de cercle décrit par la Lune dans le ciel monte. Chaque jour, la Lune passe un peu plus haut.
Dans les courbes (p. 72 à 95), la lune montante est représentée par une courbe verte qui monte.

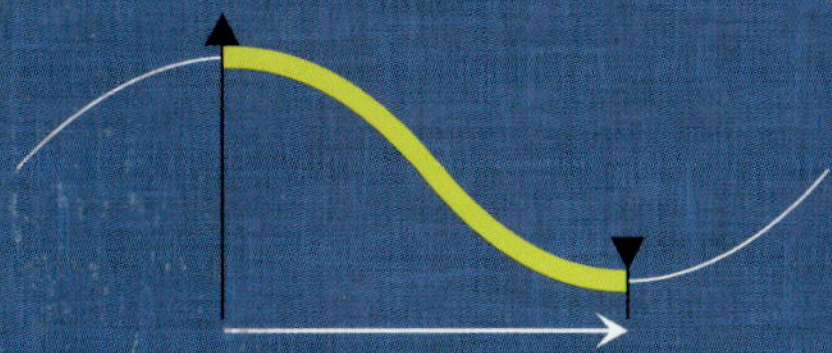

LUNE DESCENDANTE

Pendant la lune descendante, l'arc de cercle décrit par la Lune dans le ciel baisse. Chaque jour la Lune passe un peu plus bas.

Dans les courbes (p. 72 à 95), la lune descendante est représentée par une courbe jaune qui descend.

LES INFLUENCES DE LA LUNE MONTANTE

Pendant la lune montante, les liquides internes des plantes montent plus facilement. Il y a davantage de sève et d'activité dans la partie aérienne des plantes.

C'est le bon moment pour greffer, pour récolter des fruits juteux, des greffons, de la sève de bouleau, pour aérer le gazon. Par contre, il vaut mieux éviter à ce moment-là de tailler les arbres, de récolter des plantes à sécher ou de tondre le gazon qui aurait alors tendance à repousser plus vite.

LES INFLUENCES DE LA LUNE DESCENDANTE

Pendant la lune descendante, les liquides internes des plantes descendent plus facilement, l'activité végétative se fait surtout dans le sol, dans les racines.

C'est le bon moment pour récolter des racines (ou alors des parties aériennes que l'on voudrait sécher rapidement), pour tailler, repiquer, rempoter, labourer, épandre le compost et couper le bois. Les gazons tondus à cette époque s'enracinent mieux et assurent une meilleure retenue de terre tout en repoussant moins vite.

Comment savoir si la Lune est montante ou descendante ?

Pour savoir si la Lune est montante ou descendante, il suffit de repérer sa position dans le ciel pendant deux jours de suite au moment où elle passe dans le même axe. Pour cela, il est nécessaire d'utiliser un point fixe comme référence, cela peut être un arbre, un bâtiment, ou autre. Si la Lune est plus haute le deuxième jour, alors elle est montante et si elle est plus basse, elle est descendante.

Hémisphères Nord et Sud

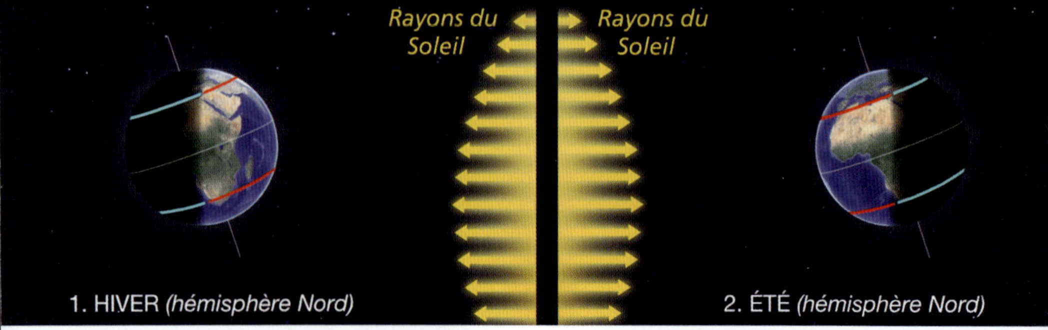

1. HIVER *(hémisphère Nord)*

2. ÉTÉ *(hémisphère Nord)*

Le cycle de la lune montante/descendante est inversé suivant l'hémisphère dans lequel on se trouve. Quand la Lune est montante dans l'hémisphère Nord, elle est descendante dans l'hémisphère Sud et inversement. C'est l'inclinaison de l'axe de rotation de la Terre qui est à l'origine de cette différence. Cette inclinaison d'environ 23° est également à l'origine des saisons, qui n'existeraient pas si la Terre tournait sur un axe droit. Dans le schéma 1, en hémisphère Nord, la durée du jour (trait rouge) est plus courte que celle de la nuit (trait vert), c'est l'hiver. Dans le schéma 2, la durée du jour est plus longue, c'est l'été. Dans l'hémisphère Sud, c'est l'inverse. Il en va de même pour le cycle de la lune montante/descendante. Quand la lune exerce un effet montant dans l'hémisphère Nord, ce même effet est descendant dans l'hémisphère Sud et inversement.

Si l'inversion entre les deux hémisphères s'effectue au niveau de l'équateur, elle commence progressivement à partir du tropique du Cancer pour se terminer au tropique du Capricorne. Par exemple, pour la Martinique qui se trouve entre l'équateur et le tropique du Cancer, la courbe sera la même que dans l'hémisphère Nord, excepté les deux jours précédant et suivant la fin de la lune montante où l'inversion s'effectue progressivement (voir croquis).

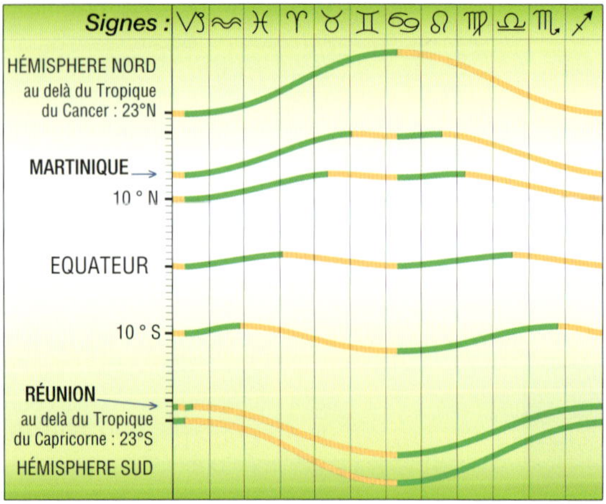

Dans l'hémisphère Nord comme dans l'hémisphère Sud, le cycle de la lune montante et descendante a une influence très importante sur les plantations et le travail du sol. Cependant, cette influence diminue considérablement à mesure que l'on se rapproche de l'équateur. Ainsi dans les régions équatoriales, ce sont les influences de la lune croissante et décroissante ainsi que des effets de marée qui prévalent. Pour un travail en lune descendante, il faudra donc lui associer la lune décroissante et si possible un effet de marée descendant (voir p.19).

Pour utiliser le calendrier dans l'hémisphère Sud : il suffit d'inverser la lune montante et la lune descendante dans les courbes (p.72-95) et les pages notes (p.97-123) et de penser au décalage horaire. D'autre part, certains tableaux (compost, épilation, gazon...) nécessitent d'être adaptés, nous joignons donc les tableaux modifiés à toute commande destinée à l'hémisphère Sud.

Périgée et apogée

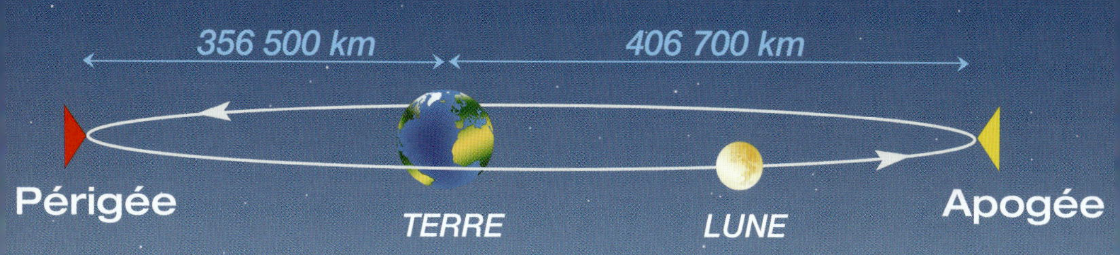

Lorsque la Lune tourne autour de la Terre, sa trajectoire ne décrit pas un cercle comme on pourrait le croire, mais une ellipse. C'est pour cette raison que la distance Terre-Lune varie régulièrement entre les distances moyennes de 356 500 et 406 700 kilomètres.

Lorsque la Lune est au plus près de la Terre, on dit qu'elle est au périgée (en rouge dans le schéma). Lorsqu'elle est au plus loin, on dit qu'elle est à l'apogée (en jaune dans le schéma). **La Lune met en moyenne 27 jours 13 heures et 18 minutes pour aller d'un périgée au suivant, ce cycle correspond à la révolution lunaire anomalistique.**

Au périgée, la Lune étant plus près de la Terre, nous la voyons légèrement plus grosse et inversement, légèrement plus petite, à l'apogée. Dans les courbes (p. 72-95), nous symbolisons ce cycle par des lunes de taille différente : la courbe de la Lune s'élargit au périgée (indiqué par **P**) et rétrécit à l'apogée (indiqué par **A**).

LES INFLUENCES DU PÉRIGÉE

Plus la Lune est proche de la Terre, plus son action sur les végétaux devient forte. Dans la plupart des cas, il est conseillé d'éviter de travailler le sol ou les plantes le jour même du périgée.

Après de nombreux essais comparatifs sur le terrain, nous avons constaté que l'influence du périgée était généralement négative, cependant, certaines plantes n'étant pas perturbées, nous ne pouvons pas parler de perturbation systématique. Mais une perturbation ayant le plus souvent lieu, nous avons choisi par précaution d'indiquer le périgée comme négatif dans tous les cas.

Il arrive également que certains aspects planétaires accentuent ou diminuent l'effet du périgée. La force et l'influence d'un périgée ne sont donc pas forcément les mêmes d'un mois à l'autre. La durée des zones rouges indiquant le périgée dans les courbes (p.72-95) ainsi que dans les pages notes (p.97-123) peut donc varier de plusieurs heures.

L'influence du périgée agissant de façon progressive, nous ne pouvons indiquer de manière précise l'heure du début et de fin de cette période. Toutefois, nous avons constaté que la perturbation commençait généralement 4 à 5 heures avant le périgée, pour se terminer 3 à 4 heures après.

LES INFLUENCES DE L'APOGÉE

Les différents essais comparatifs réalisés sur le terrain ne nous ont pas permis de constater une influence propre à l'apogée. Nous indiquons donc l'apogée seulement à titre informatif.

Nœuds lunaires et planétaires

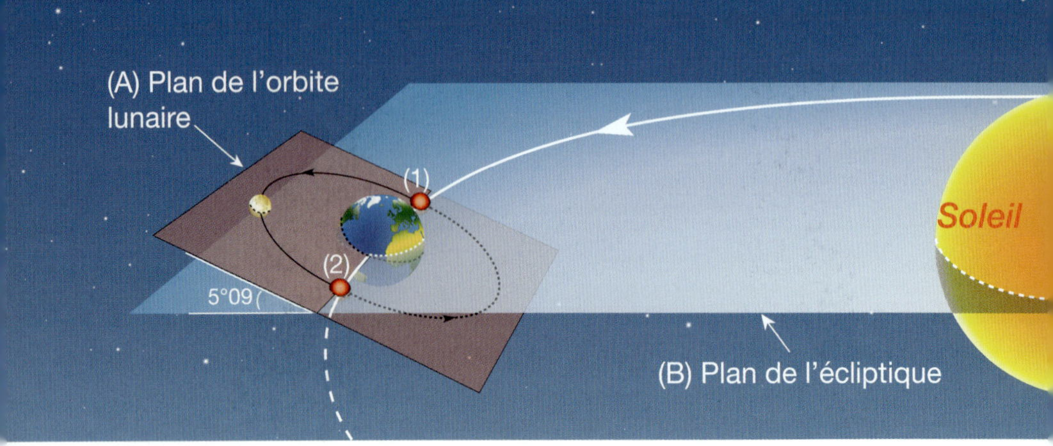

Position de la Lune : (1) = Nœud lunaire ascendant (☊), (2) = Nœud lunaire descendant (☋)

LES NŒUDS LUNAIRES : on appelle nœud lunaire le moment précis où la Lune traverse l'écliptique lors de sa rotation autour de la Terre. L'écliptique correspond au plan (B) sur lequel la Terre tourne autour du Soleil. La Lune, quant à elle, tourne autour de la Terre sur un plan (A) qui est incliné en moyenne de 5°09' par rapport à l'écliptique. Lorsque la Lune fait un tour de Terre, elle va donc traverser deux fois l'écliptique, une fois en montant (1), c'est le nœud lunaire ascendant (☊), et une fois en descendant (2), c'est le nœud lunaire descendant (☋).

LES NŒUDS PLANÉTAIRES : tout comme la Lune, certaines planètes forment elles aussi des nœuds en traversant l'écliptique. Nous les mentionnons dans les pages notes (voir p. 99-126) à l'aide du symbole des nœuds (☋☊) suivi du symbole des planètes (Mercure ☿, Vénus ♀, Mars ♂, Jupiter ♃). Nous tenons également compte de l'influence des nœuds planétaires dans nos synthèses.

LES INFLUENCES DES NŒUDS LUNAIRES ET PLANÉTAIRES

D'après nos essais comparatifs sur le terrain, nous avons constaté que les nœuds lunaires et planétaires engendraient une perturbation énergétique. Ce sont de mauvais moments pour semer, planter, récolter, travailler le sol ainsi que pour de nombreux autres domaines cités au fil des pages.

Plus nous approchons de l'heure d'un nœud, plus l'influence est néfaste. Cette influence agissant de façon progressive, nous ne pouvons indiquer de manière précise l'heure du début et de fin de cette période. Mais d'une manière générale, la perturbation commence environ 4 à 5 heures avant, pour se terminer environ 3 à 4 heures après le nœud. Toutefois, par mesure de sécurité, nous avons choisi dans le Calendrier lunaire d'élargir légèrement ces zones.
Nous avons également constaté que certains aspects planétaires ayant lieu au moment d'un nœud pouvaient accentuer ou diminuer son effet. Certains nœuds seront donc plus influents alors que d'autres passeront presque inaperçus…

Dans les courbes (p.72-95) et dans les pages notes (p.97-123), les nœuds lunaires et planétaires sont respectivement indiqués par des zones rouges et des zones moins (–).

Éclipses lunaires et solaires

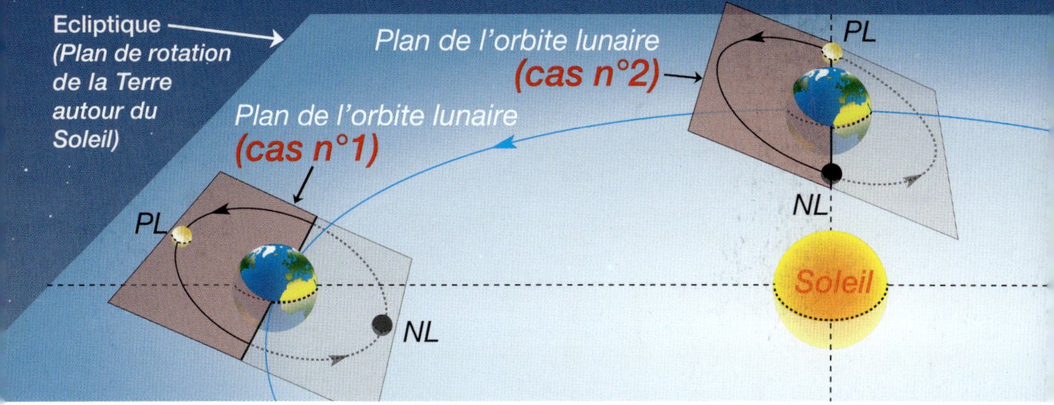

ÉCLIPSES DE SOLEIL 2023 (heure française)

20 avril : éclipse hybride atteignant son maximum à 6 h 18. *Visibilité : Sud de l'Océan Indien, Nord-Ouest de l'Australie,* ***Indonésie****, Papouasie Nouvelle Guinée.*

14 octobre : éclipse annulaire atteignant son maximum à 20 h 01. *Visibilité : USA,* ***Amérique centrale****, Colombie, Brésil.*

ÉCLIPSES DE LUNE 2023 (heure française)

5 mai : éclipse par la pénombre atteignant son maximum à 19 h 24.

28 octobre : éclipse partielle atteignant son maximum à 22 h 15.

Pour qu'il y ait éclipse, il faut que la nouvelle lune (NL) ou la pleine lune (PL) aient lieu au même moment qu'un nœud lunaire. C'est-à-dire qu'il faut que la Lune, la Terre et le Soleil soient alignés sur le plan de l'écliptique, comme dans le cas n° 2 (dans les schémas ci-dessus et ci-dessous).

- Si ces conditions sont réunies au moment de la nouvelle lune (NL) alors il y aura éclipse de Soleil.
- Si ces conditions sont réunies au moment de la pleine lune (PL) alors il y aura éclipse de Lune.

Signes et constellations du zodiaque

Dans ces 2 schémas, la Lune se trouve dans le signe des Gémeaux ainsi que dans la constellation du Taureau. Les signes (en noir) et les constellations (en blanc) sont en correspondance avec chacun des 4 éléments (rouge = feu, jaune = terre, bleu = air, vert = eau).

SIGNES DU ZODIAQUE											
♈	♌	♐	♉	♍	♑	♊	♎	♒	♋	♏	♓
BELIER	LION	SAGITTAIRE	TAUREAU	VIERGE	CAPRICORNE	GEMEAUX	BALANCE	VERSEAU	CANCER	SCORPION	POISSONS
♈	♌	♐	♉	♍	♑	♊	♎	♒	♋	♏	♓
CONSTELLATIONS DU ZODIAQUE											

Les constellations du zodiaque sont des groupes d'étoiles auxquels les hommes ont donné des noms (Bélier, Taureau, Gémeaux…), ces groupes sont de dimensions variables.

- **Les constellations agissent sur les organes des plantes (racines, feuilles, fleurs et fruits).**

Les signes du zodiaque correspondent à un découpage du zodiaque en 12 parties égales de 30°, qui démarre au printemps (point vernal) avec le signe du Bélier.

- **Les signes ont un rôle énergétique, influant sur le chaud, le froid, le sec et l'humide.**

Il y a environ 2000 ans, le signe et la constellation du Bélier commençaient à l'équinoxe de printemps au même moment. Aujourd'hui, on peut voir qu'ils sont décalés (voir lignes pointillées sur les schémas). Ce décalage, appelé précession des équinoxes, est dû au fait que tous les ans, les signes ont un retard de 20 minutes par rapport aux constellations. Il s'opère ainsi entre eux une longue rotation. Pour que le début du signe du Bélier et le début de la constellation du Bélier soient à nouveau synchrones, il faudra attendre une rotation complète, c'est-à-dire environ 26000 ans : c'est l'année platonicienne.

La Lune et les signes

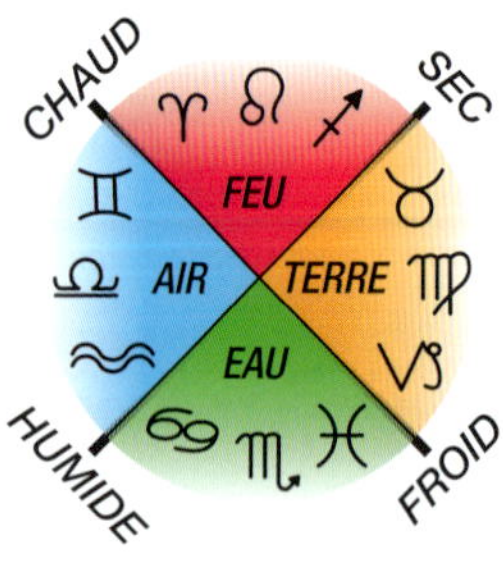

Les 4 éléments (FEU, TERRE, AIR, EAU) qui configurent la nature des signes du zodiaque interagissent avec les quatre qualités fondamentales que sont le chaud, le froid, le sec et l'humide :

Le chaud et le sec produisent le FEU – le sec et le froid produisent la TERRE – le froid et l'humide produisent l'EAU – l'humide et le chaud produisent l'AIR.

Le Chaud a tendance à favoriser le métabolisme en général. **Le Froid** freine les transformations métaboliques. **Le Sec** concentre la sève et aide à résister à l'humidité extérieure. **L'Humide** aide à répartir les principes nutritifs dans la plante.

Ainsi, suivant le signe en cours lors d'une intervention sur les plantes, on augmente ou on diminue les effets précédents. Par exemple, pour limiter un effet de sécheresse, on binera donc le sol en signe d'eau (froid et humide)…

La Lune et les constellations

Lorsque la Lune passe devant une constellation, elle active les influences propres à cette constellation pour nous les transmettre. C'est à Rudolf Steiner, père de l'anthroposophie et fondateur de la culture biodynamique, que l'on doit la synthèse des lois concernant la Lune devant les constellations.

Lorsque la Lune est devant une constellation de feu (Bélier, Lion, Sagittaire), l'activité des plantes se polarise surtout sur l'élaboration des fruits et des semences. Ce seront de bonnes dates pour encourager la production (travail et semis) des tomates, haricots, pois, pommes… et céréales de toutes sortes.

Lorsque la Lune est devant une constellation de terre (Taureau, Vierge, Capricorne), la plante privilégie les racines et les écorces. C'est le moment de semer, planter ou de s'occuper des carottes, pommes de terre, asperges, céleris, panais et autres légumes poussant dans le sol.

Lorsque la Lune est devant une constellation d'air (Gémeaux, Balance, Verseau), c'est la partie fleur de la plante qui est prioritaire, c'est pourquoi les légumes "fleurs" tels que choux-fleurs et artichauts, et les fleurs ornementales seront privilégiés à ces époques.

Lorsque la Lune est devant une constellation d'eau (Cancer, Scorpion, Poissons), l'activité de la plante favorise les feuilles. Ce sont de bonnes périodes pour semer et entretenir les plantes "feuilles" : salades, épinards, bettes, poireaux, choux, etc.

Concordance signes et constellations

Les résultats de certaines applications sont plus précis quand on utilise la concordance de certains signes et constellations. Dans les courbes (p. 72-95), ces concordances sont représentées par les lettres de l'alphabet. Dans l'exemple, la zone p correspond à la superposition du signe du Lion (♌) et de la constellation du Cancer (♋) elle commence à 8h32 et se termine le lendemain à 14 h.

On utilisera par exemple, la superposition Lion-Lion correspondant à la lettre q (feu/feu) pour couper du bois d'œuvre qui, grâce à l'élément feu, séchera mieux et sera moins attaqué par les parasites.

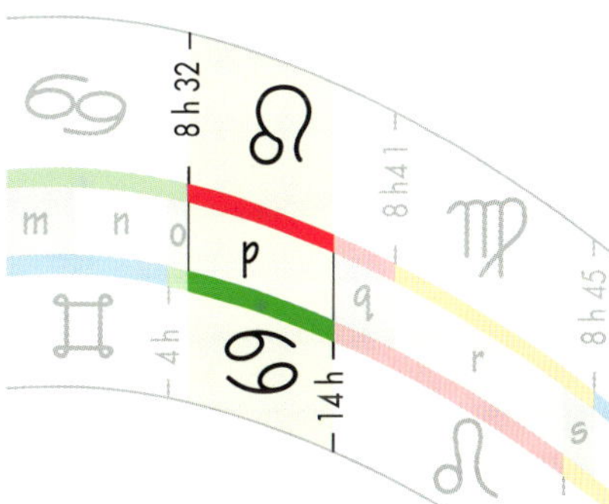

Aspects planétaires

Les planètes tournent autour du Soleil à des distances et à des vitesses différentes. Depuis la Terre, elles occupent donc des places sans cesse modifiées dans le ciel. Quand nous observons deux planètes à un moment donné, elles forment un angle dont la Terre est le sommet. Par exemple, quand nous voyons une planète se coucher et l'autre se lever en même temps, elles forment un angle de 180° par rapport à la Terre, on dit alors qu'elles sont en opposition.

Un angle de	**0°**	forme :	**une CONJONCTION**	(☌) représentée par ☌
Un angle de	**60°**	forme :	**un SEXTILE**	(✳) représenté par ✳
Un angle de	**90°**	forme :	**un CARRÉ**	(□) représenté par □
Un angle de	**120°**	forme :	**un TRIGONE**	(△) représenté par △
Un angle de	**180°**	forme :	**une OPPOSITION**	(☍) représentée par ☍

En plus du symbole, nous avons attribué une couleur à chaque aspect pour mieux les repérer.

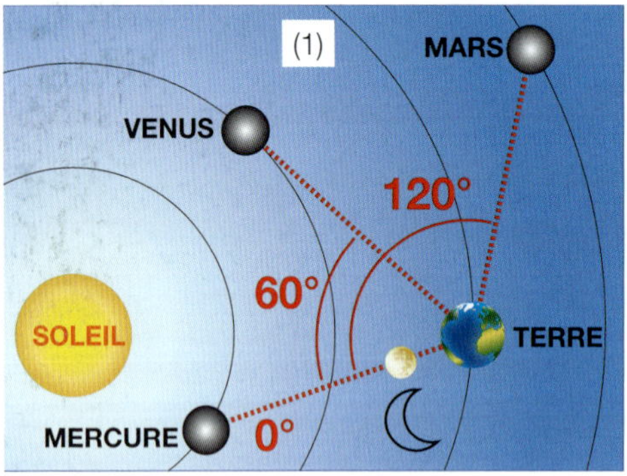

Sur le dessin (1), la Lune est en conjonction avec Mercure ☾ ☌ ☿, en sextile avec Vénus ☾ ✳ ♀ et en trigone avec Mars ☾ △ ♂.

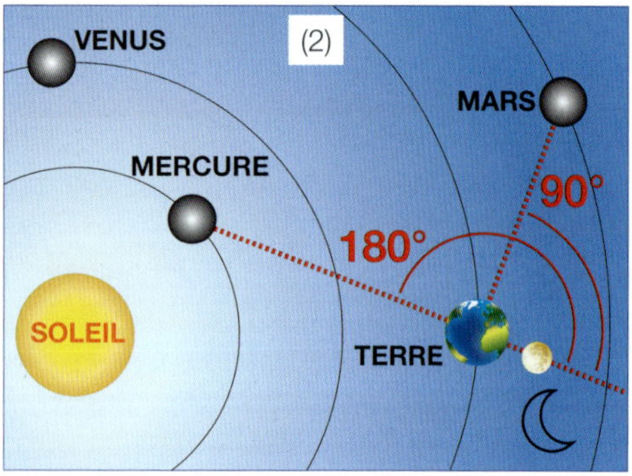

Sur le dessin (2), la Lune est en carré avec Mars ☾ □ ♂ et en opposition avec Mercure ☾ ☍ ☿.

Nous avons pu constater que certains aspects jouent un rôle important dans de nombreux domaines. Pour les cultures par exemple, ils peuvent apporter une harmonisation énergétique qui donnera une croissance conforme aux rythmes de la plante, ou bien prédisposera à des troubles énergétiques qui perturberont les plantes (ralentissement ou excès de croissance, maladies, etc.). L'influence d'un même aspect peut aller d'une période de quelques heures à une journée entière.
D'un point de vue scientifique, Pluton n'est pas considérée comme une planète à part entière, néanmoins, son influence étant tout aussi importante, nous l'incluons naturellement dans les aspects planétaires.

Dans plusieurs chapitres nous faisons référence aux aspects planétaires. Les jours et l'heure où ont lieu ces aspects planétaires par rapport à la Lune sont indiqués dans les tableaux des ASPECTS PLANÉTAIRES AVEC LA LUNE (voir pages suivantes). Par exemple dans le premier tableau "***JANVIER***", lire le 1er janvier à 15h Lune trigone au Soleil ☾ △ ☉.

JANVIER	1	2	3	4	5	6	7	8	9	10	11	12	13	14	15	16	17	18	19	20	21	22	23	24	25	26	27	28	29	30	31
☉ : SOLEIL	△15						☍0					△12			□3		✶14				☌22					✶6		□16			△7
☿ : MERCURE		△14					☍3				△16		□23			✶5				☌10				✶11		□16			△3		
♀ : VENUS			△4					☍18						△7		□20			✶4				☌11					✶3		□18	
♂ : MARS			☌21					✶20			□9		△20					☍9				△9		□9		✶12					☌5
♃ : JUPITER			✶7		□19			△8					☍10					△1		□3		✶2				☌4				✶21	
♄ : SATURNE		□13			△1					☍3					△2		□8		✶11				☌10				✶16			□1	
♅ : URANUS	☌23					✶22			□10		△22					☍16				△20		□19		✶19					☌5		
♆ : NEPTUNE		✶14			□1		△14					☍14					△7		□9		✶9				☌9				✶21		
♇ : PLUTON		△23					☍23						△0		□10		✶15				☌17				✶17		□22			△7	
	1	2	3	4	5	6	7	8	9	10	11	12	13	14	15	16	17	18	19	20	21	22	23	24	25	26	27	28	29	30	31

FEVRIER	1	2	3	4	5	6	7	8	9	10	11	12	13	14	15	16	17	18	19	20	21	22	23	24	25	26	27	28	29	30	31
☉ : SOLEIL					☍19						△5		□17			✶1				☌8				✶20			□9				
☿ : MERCURE			☍13						△4		□20			✶10					☌0				✶12			□1		△20			
♀ : VENUS		△13						☍4					△11		□21			✶2				☌10					✶9				
♂ : MARS					✶9		□22			△10					☍3				△7		□8		✶11					☌5			
♃ : JUPITER		□10			△0					☍1				△18		□21		✶22					☌0				✶15				
♄ : SATURNE	△13					☍15					△14		□22			✶2				☌3				✶7		□15					
♅ : URANUS			✶3		□16			△4					☍0				△7		□7		✶6				☌13						
♆ : NEPTUNE	□8		△21					☍22					△16		□20		✶21				☌21					✶6		□17			
♇ : PLUTON				☍7					△8		□18			✶1				☌5				✶5		□8		△16					
	1	2	3	4	5	6	7	8	9	10	11	12	13	14	15	16	17	18	19	20	21	22	23	24	25	26	27	28	29	30	31

MARS	1	2	3	4	5	6	7	8	9	10	11	12	13	14	15	16	17	18	19	20	21	22	23	24	25	26	27	28	29	30	31
☉ : SOLEIL		△2					☍14					△18			□3		✶10				☌18					✶13			□5		△22
☿ : MERCURE						☍18						△8		□23			✶9					☌3					✶10			□9	
♀ : VENUS		□4		△23						☍10					△10		□17		✶22					☌12					✶19		
♂ : MARS					✶10			□0		△12					☍5				△12		□14		✶18					☌15			
♃ : JUPITER		□4		△18					☍18					△11		□15		✶17				☌21					✶13			□2	
♄ : SATURNE	△2					☍4					△2		□10		✶15				☌18				✶23			□7		△17			
♅ : URANUS		✶11			□0		△12					☍7				△16		□18		✶19					☌1				✶22		
♆ : NEPTUNE			△5					☍6				△23			□5		✶7				☌9				✶17			□4		△16	
♇ : PLUTON			☍15					△15			□1		✶8				☌15				✶17		□20			△3					☍1
	1	2	3	4	5	6	7	8	9	10	11	12	13	14	15	16	17	18	19	20	21	22	23	24	25	26	27	28	29	30	31

AVRIL	1	2	3	4	5	6	7	8	9	10	11	12	13	14	15	16	17	18	19	20	21	22	23	24	25	26	27	28	29	30	31
☉ : SOLEIL						☍7					△4		□11		✶17					☌6					✶6		□23			△17	
☿ : MERCURE		△8					☍20					△16		□21			✶1				☌10					✶2		□12		△21	
♀ : VENUS	□14			△8					☍11					△4		□11		✶18					☌15						✶2		
♂ : MARS		✶21			□10		△21					☍11				△20			□0		✶7					☌5					
♃ : JUPITER	△15					☍15					△5		□9		✶13				☌19					✶11		□23			△13		
♄ : SATURNE		☍19					△15		□21			✶2				☌8				✶15		□21			△7					☍8	
♅ : URANUS	□11		△22					☍16					△1		□4		✶6				☌14					✶9		□21			
♆ : NEPTUNE				☍16					△8		□13		✶16				☌21					✶6		□14			△2				
♇ : PLUTON					△0		□9		✶15				☌23					✶4		□7		△13					☍9				
	1	2	3	4	5	6	7	8	9	10	11	12	13	14	15	16	17	18	19	20	21	22	23	24	25	26	27	28	29	30	31

Mode d'emploi tableaux page 14 –

MAI	1	2	3	4	5	6	7	8	9	10	11	12	13	14	15	16	17	18	19	20	21	22	23	24	25	26	27	28	29	30	31
☉ : SOLEIL					☍ 20					△ 10		□ 16		✶ 23					☌ 18						✶ 0		□ 17			△ 10	
☿ : MERCURE					☍ 9				△ 13		□ 15		✶ 17					☌ 1				✶ 21			□ 12			△ 5			
♀ : VENUS	□ 20			△ 10					☍ 4				△ 18			□ 2		✶ 11					☌ 15						✶ 2		□ 17
♂ : MARS	✶ 11		□ 23			△ 8				☍ 19					△ 5		□ 11		✶ 20					☌ 21						✶ 3	
♃ : JUPITER				☍ 11				△ 22			□ 2		✶ 5				☌ 15					✶ 8		□ 20			△ 10				
♄ : SATURNE					△ 3		□ 8		✶ 12				☌ 17					✶ 2		□ 9		△ 18					☍ 19				
♅ : URANUS	△ 10					☍ 2				△ 10		□ 12		✶ 15					☌ 1				✶ 20			□ 9		△ 21			
♆ : NEPTUNE		☍ 2				△ 17		□ 20		✶ 23					☌ 5				✶ 16			□ 0		△ 11					☍ 12		
♇ : PLUTON		△ 9		□ 17		✶ 23					☌ 5				✶ 10		□ 15		△ 21					☍ 17					△ 17		
	1	2	3	4	5	6	7	8	9	10	11	12	13	14	15	16	17	18	19	20	21	22	23	24	25	26	27	28	29	30	31

JUIN	1	2	3	4	5	6	7	8	9	10	11	12	13	14	15	16	17	18	19	20	21	22	23	24	25	26	27	28	29	30	31
☉ : SOLEIL				☍ 6				△ 15		□ 22			✶ 6					☌ 7					✶ 16			□ 10			△ 0		
☿ : MERCURE		☍ 9					△ 0		□ 6		✶ 16					☌ 21						✶ 18			□ 19			△ 18			
♀ : VENUS			△ 3				☍ 14					△ 2		□ 11		✶ 23						☌ 5					✶ 13			□ 0	
♂ : MARS	□ 14		△ 21					☍ 4				△ 15		□ 23			✶ 10					☌ 15					✶ 20			□ 6	
♃ : JUPITER	☍ 8				△ 17		□ 19		✶ 21					☌ 8					✶ 3		□ 15			△ 5					☍ 3		
♄ : SATURNE	△ 15		□ 19		✶ 21					☌ 0				✶ 10		□ 17			△ 3					☍ 3					△ 0		
♅ : URANUS		☍ 14				△ 19		□ 21		✶ 23					☌ 11					✶ 7		□ 19			△ 8					☍ 2	
♆ : NEPTUNE			△ 3		□ 5		✶ 7				☌ 11				✶ 23			□ 8		△ 19					☍ 20					△ 13	
♇ : PLUTON	□ 2		✶ 7				☌ 11				✶ 15		□ 20			△ 4					☍ 0					△ 0		□ 10		✶ 16	
	1	2	3	4	5	6	7	8	9	10	11	12	13	14	15	16	17	18	19	20	21	22	23	24	25	26	27	28	29	30	31

JUILLET	1	2	3	4	5	6	7	8	9	10	11	12	13	14	15	16	17	18	19	20	21	22	23	24	25	26	27	28	29	30	31
☉ : SOLEIL			☍ 14				△ 21			□ 4		✶ 15					☌ 21						✶ 8			□ 0		△ 11			
☿ : MERCURE			☍ 19					△ 12			□ 1		✶ 19						☌ 13						✶ 9			□ 0		△ 9	
♀ : VENUS		△ 5				☍ 10				△ 19			□ 3		✶ 14					☌ 16					✶ 16		□ 23			△ 2	
♂ : MARS		△ 11				☍ 16					△ 3		□ 13			✶ 2					☌ 9					✶ 14		□ 22			△ 2
♃ : JUPITER			△ 11		□ 11		✶ 12				☌ 22					✶ 18			□ 7		△ 21					☍ 20					△ 4
♄ : SATURNE	□ 5		✶ 7				☌ 7				✶ 14		□ 22			△ 8					☍ 8					△ 6		□ 13		✶ 15	
♅ : URANUS				△ 7		□ 7		✶ 8				☌ 19					✶ 15			□ 4		△ 17					☍ 13				△ 18
♆ : NEPTUNE		□ 16		✶ 16				☌ 17					✶ 5		□ 15			△ 2					☍ 3				△ 22			□ 2	
♇ : PLUTON				☌ 19				✶ 20			□ 1		△ 8					☍ 5					△ 6		□ 17			✶ 1			
	1	2	3	4	5	6	7	8	9	10	11	12	13	14	15	16	17	18	19	20	21	22	23	24	25	26	27	28	29	30	31

AOUT	1	2	3	4	5	6	7	8	9	10	11	12	13	14	15	16	17	18	19	20	21	22	23	24	25	26	27	28	29	30	31
☉ : SOLEIL	☍ 21					△ 4		□ 12			✶ 2					☌ 12					✶ 23			□ 12		△ 21					☍ 4
☿ : MERCURE			☍ 17					△ 7		□ 20			✶ 11					☌ 19					✶ 19			□ 1		△ 2			☍ 21
♀ : VENUS		☍ 23				△ 23			□ 2		✶ 9					☌ 3				✶ 22			□ 6		△ 11				☍ 13		
♂ : MARS				☍ 5				△ 17			□ 4		✶ 19						☌ 3					✶ 6		□ 14		△ 18			
♃ : JUPITER		□ 4		✶ 3				☌ 10					✶ 6		□ 19			△ 8					☍ 7				△ 17		□ 17		✶ 16
♄ : SATURNE			☌ 14				✶ 18			□ 1		△ 11					☍ 11					△ 10		□ 17		✶ 22				☌ 22	
♅ : URANUS		□ 18		✶ 18					☌ 2				✶ 23			□ 11			△ 0				☍ 21					△ 5		□ 5	
♆ : NEPTUNE	✶ 2				☌ 1				✶ 10		□ 19			△ 7					☍ 8					△ 5		□ 10		✶ 11			
♇ : PLUTON	☌ 4				✶ 3		□ 6		△ 13					☍ 10					△ 11		□ 22			✶ 7				☌ 14			
	1	2	3	4	5	6	7	8	9	10	11	12	13	14	15	16	17	18	19	20	21	22	23	24	25	26	27	28	29	30	31

SEPTEMBRE	1	2	3	4	5	6	7	8	9	10	11	12	13	14	15	16	17	18	19	20	21	22	23	24	25	26	27	28	29	30	31
☉ : SOLEIL				△ 13			□ 0		✱ 16						☌ 4					✱ 11		□ 22			△ 4				☍ 12		
☿ : MERCURE				△ 20		□ 23			✱ 5					☌ 0					✱ 0		□ 11		△ 20					☍ 8			
♀ : VENUS		△ 11		□ 14		✱ 21					☌ 22						✱ 2		□ 14			△ 0				☍ 11				△ 16	
♂ : MARS	☍ 21					△ 10		□ 23			✱ 14					☌ 22					✱ 22			□ 5		△ 9			☍ 14		
♃ : JUPITER				☌ 20					✱ 14			□ 2		△ 14					☍ 12					△ 0		□ 2		✱ 2			
♄ : SATURNE			✱ 23			□ 4		△ 13					☍ 13					△ 11		□ 20			✱ 2				☌ 5				
♅ : URANUS	✱ 4				☌ 9					✱ 5		□ 17			△ 6					☍ 3				△ 13		□ 15		✱ 15			
♆ : NEPTUNE	☌ 10				✱ 16			□ 0		△ 12					☍ 13					△ 9		□ 16		✱ 19				☌ 20			
♇ : PLUTON	✱ 13		□ 14		△ 19					☍ 15					△ 16			□ 3		✱ 12				☌ 22				✱ 23			
	1	2	3	4	5	6	7	8	9	10	11	12	13	14	15	16	17	18	19	20	21	22	23	24	25	26	27	28	29	30	31

OCTOBRE	1	2	3	4	5	6	7	8	9	10	11	12	13	14	15	16	17	18	19	20	21	22	23	24	25	26	27	28	29	30	31
☉ : SOLEIL				△ 2		□ 16			✱ 9					☌ 20					✱ 21			□ 6		△ 12				☍ 22			
☿ : MERCURE			△ 1		□ 17			✱ 14						☌ 11					✱ 20			□ 8		△ 17					☍ 8		
♀ : VENUS		□ 22			✱ 9					☌ 17						✱ 1		□ 13		△ 23					☍ 12				△ 23		
♂ : MARS					△ 6		□ 19			✱ 12					☌ 18					✱ 14		□ 20			△ 1				☍ 9		
♃ : JUPITER		☌ 4				✱ 18			□ 5		△ 17					☍ 14					△ 2		□ 4		✱ 6				☌ 8		
♄ : SATURNE	✱ 6		□ 9		△ 17					☍ 16					△ 15		□ 23			✱ 5				☌ 12				✱ 15		□ 17	
♅ : URANUS		☌ 18					✱ 10		□ 23			△ 11					☍ 7				△ 18		□ 21		✱ 23					☌ 2	
♆ : NEPTUNE			✱ 0		□ 7		△ 17					☍ 18					△ 13		□ 20			✱ 0				☌ 4				✱ 8	
♇ : PLUTON	□ 0		△ 3				☍ 21					△ 22			□ 9		✱ 18					☌ 5				✱ 9		□ 10		△ 13	
	1	2	3	4	5	6	7	8	9	10	11	12	13	14	15	16	17	18	19	20	21	22	23	24	25	26	27	28	29	30	31

NOVEMBRE	1	2	3	4	5	6	7	8	9	10	11	12	13	14	15	16	17	18	19	20	21	22	23	24	25	26	27	28	29	30	31
☉ : SOLEIL		△ 17			□ 10			✱ 4					☌ 10					✱ 5		□ 12		△ 19					☍ 10				
☿ : MERCURE			△ 12			□ 8			✱ 6					☌ 15					✱ 12		□ 20			△ 5					☍ 2		
♀ : VENUS	□ 8		✱ 23						☌ 11					✱ 16			□ 1		△ 9					☍ 0				△ 19			
♂ : MARS			△ 3		□ 18			✱ 10					☌ 13					✱ 5		□ 11		△ 16					☍ 5				
♃ : JUPITER		✱ 19			□ 5		△ 17					☍ 13					△ 0		□ 3		✱ 5				☌ 11				✱ 21		
♄ : SATURNE	△ 23					☍ 22					△ 21			□ 4		✱ 10				☌ 17				✱ 23			□ 3		△ 10		
♅ : URANUS			✱ 16			□ 3		△ 16					☍ 11				△ 21			□ 0		✱ 3				☌ 9				✱ 22	
♆ : NEPTUNE	□ 14		△ 23					☍ 23					△ 18			□ 0		✱ 4				☌ 10				✱ 17		□ 23			
♇ : PLUTON				☍ 4					△ 5		□ 16			✱ 0				☌ 9				✱ 15		□ 19		△ 23					
	1	2	3	4	5	6	7	8	9	10	11	12	13	14	15	16	17	18	19	20	21	22	23	24	25	26	27	28	29	30	31

DECEMBRE	1	2	3	4	5	6	7	8	9	10	11	12	13	14	15	16	17	18	19	20	21	22	23	24	25	26	27	28	29	30	31
☉ : SOLEIL		△ 13			□ 7			✱ 1					☌ 1				✱ 13		□ 20			△ 4					☍ 2				
☿ : MERCURE				△ 11			□ 5		✱ 19					☌ 7				✱ 7		□ 7		△ 6				☍ 9				△ 22	
♀ : VENUS	□ 9			✱ 3					☌ 15					✱ 12		□ 19			△ 2				☍ 20					△ 23			□ 17
♂ : MARS		△ 4		□ 20			✱ 12					☌ 11				✱ 22			□ 3		△ 9					☍ 3					△ 6
♃ : JUPITER		□ 7		△ 19					☍ 17					△ 3		□ 5		✱ 7				☌ 14					✱ 3		□ 12		
♄ : SATURNE				☍ 7					△ 8		□ 15		✱ 20					☌ 1				✱ 8		□ 14		△ 22					☍ 19
♅ : URANUS			□ 9		△ 22					☍ 18					△ 2		□ 4		✱ 6				☌ 15					✱ 5		□ 16	
♆ : NEPTUNE	△ 7					☍ 7					△ 3		□ 8		✱ 10				☌ 15					✱ 0		□ 7		△ 16			
♇ : PLUTON	☍ 14					△ 15			□ 2		✱ 10				☌ 17				✱ 22			□ 2		△ 8					☍ 0		
	1	2	3	4	5	6	7	8	9	10	11	12	13	14	15	16	17	18	19	20	21	22	23	24	25	26	27	28	29	30	31

Mode d'emploi tableaux page 14 –

Marées

Facilement observable grâce au déplacement des masses océaniques, l'effet de marée exerce également une forte influence sur le sol et les végétaux. En effet, les scientifiques ont pu établir que l'effet de marée pouvait soulever la croûte terrestre de plusieurs dizaines de centimètres en marée haute. Les êtres vivants eux aussi sont sensibles à cette influence, particulièrement les végétaux, dont les liquides internes fluctuent avec l'effet de marée.

C'est la Lune avec sa force d'attraction qui est à l'origine des marées, le Soleil venant amplifier ou diminuer l'effet de marée suivant sa position. À la nouvelle lune ou à la pleine lune, les forces d'attraction lunaire et solaire s'additionnent, ce qui engendre des marées plus fortes (vives-eaux, cas 3 et 4). Par contre, au premier et au dernier quartier, les forces d'attraction lunaire et solaire s'opposent, les marées sont alors plus faibles (mortes-eaux, cas 1 et 2). La Lune étant plus près de la Terre, son action est en moyenne 2,17 fois plus forte que celle du Soleil.

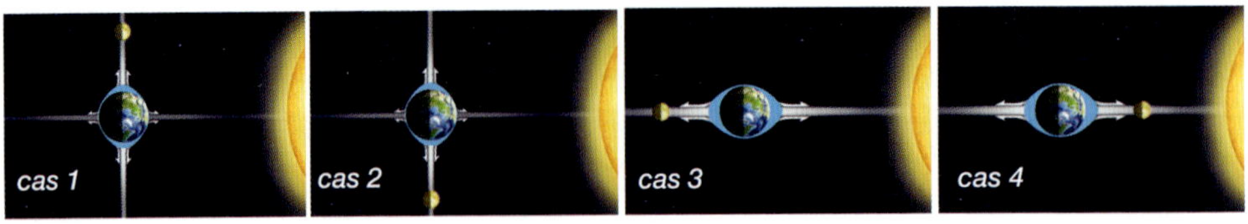

Cas 1 et 2 : l'attraction solaire s'oppose à l'attraction lunaire, les marées sont donc plus faibles.
Cas 3 et 4 : les attractions lunaire et solaire s'additionnent, les marées sont donc plus fortes.

La force d'attraction est équilibrée par la force centrifuge, qui résulte du mouvement de rotation du couple Terre-Lune. La coexistence de ces deux forces fait que la marée haute a lieu simultanément dans la direction de la Lune ainsi que dans la direction opposée (voir schémas).
La Lune attire les masses océaniques qui la suivent dans son déplacement, mais avec un certain retard dû aux différents obstacles qu'elles rencontrent sur leur parcours (reliefs sous-marins, formes des côtes, etc.), c'est pourquoi deux lieux sur la même longitude peuvent avoir des horaires de marée décalés.

Si l'on fait abstraction de ce retard, on peut dire qu'au moment où la Lune se lève, la marée est au plus bas. La marée sera montante pendant le temps que la Lune va mettre pour arriver à son point le plus haut dans le ciel (environ 6 heures), puis elle sera descendante jusqu'au coucher de la Lune. La Lune va ensuite effectuer le même cycle de l'autre côté de la terre, donc la marée sera à nouveau montante puis descendante. Ce double cycle de marée a lieu en 24h50, c'est le temps qui sépare deux passages de la Lune au même méridien.

Effets de marée

On appelle "effet de marée" l'influence liée à l'attraction lunaire. Les marées océaniques quant à elles ne sont que la conséquence de l'effet de marée (horaires des effets de marée p.97 à 123).

Choisir un effet de marée montante

- Pour les semis quand la Lune est descendante afin de compenser les énergies.
- Pour greffer.
- Pour le travail des sols lourds.
- Pour réaliser un compost qui sera moins sujet au compactage.
- Pour les récoltes en lune décroissante.

Choisir un effet de marée descendante

- Pour les semis quand la lune est montante afin de compenser les énergies.
- Pour repiquer.
- Pour travailler des sols légers.
- Pour épandre du fumier.
- Pour couper du bois.
- Pour les récoltes en lune croissante.

Les effets de marée sur les végétaux se font sentir avec un certain retard par rapport à la position de la Lune, on estime ce retard à environ une heure. Par exemple, si la Lune se lève à 6 h, l'effet de marée montante commencera vers 7 h. L'influence d'un effet de marée est très réduite lors du passage de l'effet montant à descendant et vice-versa. Pour une utilisation optimale d'un effet de marée, nous vous conseillons donc d'éviter les 30 premières et les 30 dernières minutes.

Les horaires des effets de marée ainsi que ceux des levers et couchers de lune sont indiqués dans les pages notes (voir légende p. 97). Ces horaires sont basés sur Paris, pour plus de précision suivant votre lieu de résidence, consultez le serveur de l'Institut de mécanique céleste (www.imcce.fr) ou reportez-vous au schéma ci-dessous.

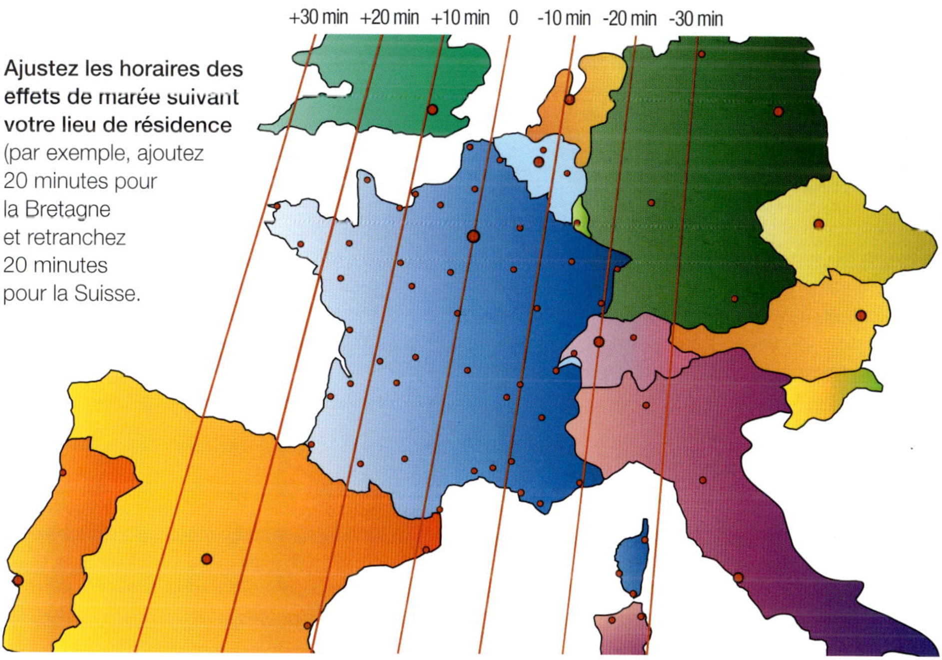

Ajustez les horaires des effets de marée suivant votre lieu de résidence (par exemple, ajoutez 20 minutes pour la Bretagne et retranchez 20 minutes pour la Suisse.

Lune rousse

La lune rousse commence à la nouvelle lune qui suit Pâques et se termine à la nouvelle lune suivante. **Cette année, la lune rousse se situera entre le 20 avril et le 19 mai.**
Contrairement à une idée reçue, le terme de lune rousse ne provient pas de la couleur de la Lune, mais du fait que les jeunes pousses peuvent "roussir" durant cette période. En effet, il arrive que de jeunes pousses ou des bourgeons soient "brûlés", alors que la température de l'air ne descend pourtant pas en dessous de zéro. Ce phénomène résulte d'un équilibrage entre les températures des régions atmosphériques hautes et les températures du sol. Quand le ciel est dégagé, les températures s'équilibrent par rayonnement et ce rayonnement est plus important sur les plantes que dans l'air. Ce qui fait que la température peut être juste au-dessus de zéro dans l'air alors que celle des plantes sera inférieure à zéro, d'où leur roussissement. Ce phénomène de régulation existe en permanence, mais c'est au printemps qu'il peut engendrer la destruction des bourgeons encore fragiles. Il est important de rappeler que cette période froide n'est pas une certitude, mais une tendance, qui se vérifiait d'ailleurs beaucoup plus il y a quelques décennies qu'à l'heure actuelle.

Saints de glace

Les saints de glace correspondent à une période située vers les 11, 12 et 13 mai (saints Mamert, Pancrace et Servais) et qui en général connaît une baisse des températures. Pour de nombreuses régions, c'est la période charnière des dernières gelées printanières, c'est la raison pour laquelle ces trois saints sont appelés "les saints de glace". Ces dernières années, on remarque cependant qu'à cette période, les gelées passent de plus en plus inaperçues. **En 2023, d'après les aspects planétaires, un rafraîchissement plus ou moins important est probable au cours de cette période.**

Été de la Saint-Martin

Cette période de quelques jours vers le 11 novembre nous apporte une élévation des températures plus ou moins forte selon les années. Sur un calendrier circulaire, l'été de la Saint-Martin est en opposition aux saints de glace (soit 6 mois d'écart). Ces deux périodes font ressurgir pour une dernière fois les impulsions propres à la saison précédente, un peu comme un ultime sursaut de la saison passée. **Cette année, bien qu'ayant une tendance humide, novembre pourrait connaître un redoux dans la deuxième décade.**

Géobiologie

La géobiologie est l'étude des éléments du sol (lignes telluriques, cours d'eau souterrains, failles) ayant une influence sur le "vivant" (plantes, arbres, animaux et êtres humains). Dans la pratique, nous retenons les noms de Hartmann et Curry qui ont signalé la présence de différents réseaux électromagnétiques. Tout élément vivant placé à la verticale des croisements de ligne ou "nœud" se retrouve "fragilisé" à plus ou moins long terme. C'est pourquoi il est important d'être attentif aux plantations ou emplacements de longue durée (lit, poste de travail, arbres, ruches, clapiers...). Il est surprenant et positif de savoir qu'à l'extérieur, toute personne par "instinct" se place au milieu du carré Hartmann. Ce n'est pas le cas à l'intérieur où l'emplacement des "murs" peut nous contraindre à mal positionner notre lit ou notre station de travail. La position prolongée et répétée sur un nœud Hartmann peut alors favoriser certains problèmes de santé. Tout thérapeute devrait donc prendre en compte l'environnement électromagnétique naturel et artificiel d'une personne pour un diagnostic plus juste.

Pour plus d'informations, contacter le forestier géobiologue, Serge Busi (9 rue de la Vouivre, 39300 Montrond – tél. : 03 84 51 70 79) ou voir le site www.geobiologiesergebusi.net

Saisons chinoises

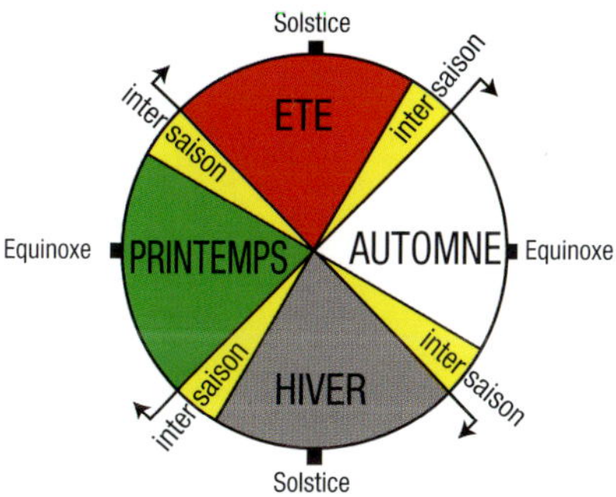

Le Nouvel An chinois aura lieu le 22 janvier, ce sera l'année du lapin d'eau

- 17 janvier 3h : début de l'intersaison
- 4 Février 3h : début du Printemps chinois
- 17 avril 18h : début de l'intersaison
- 5 mai 18h : début de l'Été chinois
- 20 juillet 18h : début de l'intersaison
- 7 août 18h : début de l'Automne chinois
- 20 octobre 17h : début de l'intersaison
- 7 novembre 17h : début de l'Hiver chinois

Retrouvez ces dates au fil des pages 72-95

L'année traditionnelle chinoise comporte 12 mois lunaires de 29 ou 30 jours qui débutent à la nouvelle lune (avec une année à 13 mois tous les 3 ans). Le jour de l'an chinois se trouve donc entre le 21 janvier et le 20 février. Le printemps chinois, lui, a une définition solaire et débute toujours à mi-chemin entre le solstice d'hiver et l'équinoxe de printemps. Entre chaque saison se situe une période intersaisonnière de 18 jours permettant la transformation énergétique d'une qualité saisonnière à l'autre. La loi des 5 éléments (bois, feu, terre, métal, eau) est une base de la culture et de la médecine chinoise, qui accorde une priorité au traitement préventif en tenant compte des rythmes et des processus énergétiques. En acupuncture, le choix d'une date de traitement dans l'intersaison précédant la saison qui gouverne l'organe fragile permet un maximum d'efficacité.

ÉLÉMENTS	BOIS	FEU	TERRE	MÉTAL	EAU
SAISONS/INTERSAI.	Printemps	Été	Intersaison	Automne	Hiver
ORIENTATIONS	Est	Sud	Centre	Ouest	Nord
ORGANES	Foie	Cœur	Rate	Poumon	Reins
ENTRAILLES	Vésicule bil.	Intestin grêle	Estomac	Gros intestin	Vessie
SAVEURS	Acide	Amer	Sucré doux	Acre-piquant	Salé
COULEURS	Vert bleu	Rouge	Jaune	Blanc	Noir
ORGANE/SENS	Œil/vue	Langue/parole	Bouche/goût	Nez/odorat	Oreille/ouïe
SENTIMENTS	Colère	Joie	Réflexion	Tristesse	Peur viscérale
ÉNERGIES CÉLESTES	Vent	Chaleur	Humidité	Sécheresse	Froid

Plus d'informations : contacter Olivier Hamonic – olivierhamonic29@gmail.com – olivier-hamonic.com

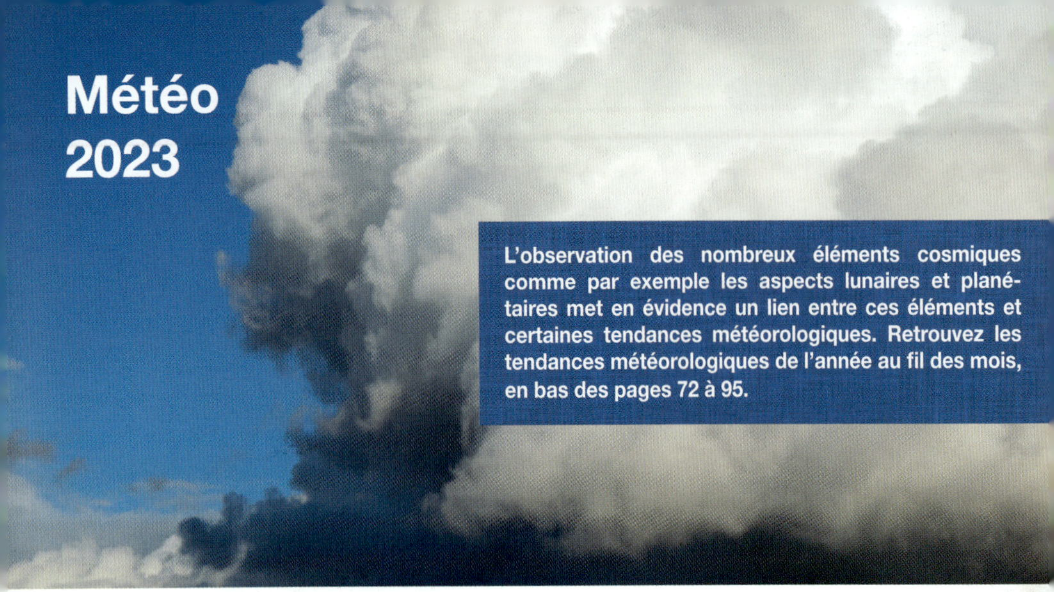

Météo 2023

L'observation des nombreux éléments cosmiques comme par exemple les aspects lunaires et planétaires met en évidence un lien entre ces éléments et certaines tendances météorologiques. Retrouvez les tendances météorologiques de l'année au fil des mois, en bas des pages 72 à 95.

Tendances météo pour l'année 2023.

Cette année la tendance est à un temps variable, changeant et différent selon les régions. D'après notre étude, la dominante de l'hiver sera à l'humidité (brouillard, pluie, voire neige) malgré des moments secs. Le printemps sera généralement variable et changeant, mais à partir de la dernière décade d'avril, dans l'ensemble il y aura une remontée des températures. L'été devrait être chaud et souvent orageux, tandis que l'automne sera vraisemblablement variable est agité. Indications détaillées p.72 à 95.

Note de l'auteur: *cette partie météo se base sur une étude astro-météorologique issue de nombreuses observations réalisées au fil des siècles et mettant en évidence une corrélation entre configurations planétaires et phénomènes météorologiques. Le dérèglement climatique actuel semble cependant perturber les interprétations et oblige à les affiner. De ce fait, nous dissocions cette étude du reste du Calendrier Lunaire, car elle se base sur une analyse encore au stade de perfectionnement, pour laquelle nous ne bénéficions pas des mêmes moyens d'expérimentation que ceux utilisés pour tous les essais liés aux cultures et autres domaines abordés dans le Calendrier Lunaire.*

Nos calculs sont réalisés principalement pour le centre de la France. En l'absence de précisions locales, ces indications sont donc à adapter selon le type de région, notamment pour les zones maritimes et les zones montagnardes. Car si l'on constate que l'influence des aspects lunaires et planétaires agit de façon globale sur l'ensemble de la planète, nous remarquons également, que cette action varie selon le type de climat. En effet, tout comme une pluie d'hiver en plaine se transformera naturellement en neige en montagne, l'influence de ces aspects varie également suivant le lieu et le type de climat. Ainsi, un aspect favorisant une tendance à l'humidité pourra accentuer davantage la pluie ou le brouillard dans une région humide mais n'aura que peu d'incidence dans une région plus sèche. Il est également important de noter que ces informations ne reflètent qu'une partie seulement des éléments cosmiques, dont certains comme par exemple les tempêtes solaires, ne sont connus qu'au dernier moment mais ont un impact certain dans l'orientation météo. C'est la raison pour laquelle, ces indications ne restent que des tendances.

Pour cette rubrique, nous nous appuyons sur l'étude réalisée par ***Christine ALLARD***. Pour toute question sur l'astro-météorologie : instanciel@orange.fr

TRAVAILLER AVEC LA LUNE

Lorsqu'on intervient sur le sol ou sur une plante, les énergies cosmiques du moment s'y imprègnent. Lors du semis par exemple, des influences lunaires favorables transmettront ainsi à la graine une impulsion positive qu'elle conservera tout au long de sa croissance.

En plus de la Lune devant les constellations (racines, feuilles, fleurs, fruits) il est nécessaire de prendre en compte de nombreux autres facteurs : aspects planétaires, nœuds lunaires, signes, effets de marée... Notre système de notation avec étoiles dans les courbes (p.72-95) en fait la synthèse complète.

Comprendre le sol

La forêt est l'exemple parfait du fonctionnement idéal d'un sol. Les arbres et les plantes créent de la matière organique qui protège et nourrit le sol, lequel en retour fabrique de l'humus qui nourrit les arbres et les plantes... C'est un cycle vivant parfaitement autonome et perpétuel. Cet équilibre parfait, fait du sol forestier un véritable modèle pour nos cultures.

LE SOL EST UN MILIEU VIVANT : c'est la quantité de vie présente dans un sol qui détermine sa fertilité et donc sa capacité à nourrir les plantes. Les nombreux insectes, vers de terre, micro-organismes et champignons présents dans le sol se nourrissent des matières organiques laissées à terre, pour les transformer au final en humus et en minéraux organiques directement assimilables par les plantes. La faune du sol dans toute sa complexité est donc indispensable à la bonne qualité d'un sol, c'est pourquoi il est primordial de la préserver et de la nourrir avec des matières organiques pour conserver ou améliorer la fertilité d'un sol.

LES CONSEQUENCES DES PRODUITS CHIMIQUES ET DU LABOUR : en détruisant la faune souterraine, les pesticides et les engrais chimiques entraînent la minéralisation des matières organiques, lesquelles deviennent alors inassimilables pour les plantes qui se retrouvent sans nourriture. Il se créé alors un cercle vicieux: car le besoin d'engrais chimiques pour nourrir les plantes sera toujours plus grand avec pour effet de stériliser encore davantage les sols. Rappelons également que les produits chimiques utilisés même à petite échelle détruisent non seulement la vie du sol mais également la vie animale et végétale environnante, impactant ainsi la biodiversité dans son ensemble.
La pratique du labour profond inverse la couche supérieure et la couche inférieure du sol. Présents dans la partie supérieure du sol, les micro-organismes aérobies, qui ont besoin d'air pour vivre, se retrouvent enfouis sous terre, où privés d'oxygène ils ne peuvent survivre. Inversement, les micro-organismes anaérobies présents dans la partie inférieure du sol et qui ne peuvent vivre au contact de l'air, se retrouvent à l'air libre où eux non plus ne peuvent survivre. De plus, les matières organiques présentes à la surface du sol se retrouvent également enfouies sous terre sans oxygène, elles vont donc entrer en putréfaction, ce qui favorisera immanquablement le développement de maladies cryptogamiques sur le terrain. En effet, lorsque les racines des plantes semées atteindront cette partie en décomposition, elles véhiculeront automatiquement des germes pathogènes vers la plante qui développera alors des maladies cryptogamiques. La pratique du labour profond détruit également la plupart des vers de terre, qui voient leur habitat complètement bouleversé. Sans ses nombreux habitants, le sol perd ainsi en fertilité ainsi qu'en porosité. De plus, la semelle de labour laissée par le soc de charrue, empêche également la pénétration d'eau dans le sol. La pratique du labour et l'utilisation de produits chimiques contribuent ainsi au compactage et à la stérilisation du sol, avec pour conséquences la pollution, l'érosion et les inondations.

LA COUVERTURE DU SOL : le cycle autonome des sols forestiers nous incite à prendre la forêt comme modèle. Le sol forestier, qui n'est jamais à nu, est régulièrement alimenté en feuilles et autres matières organiques qui lui permettent d'avoir suffisamment de nourriture et ainsi de favoriser sa fertilité. Gardons à l'esprit que ce sol n'est jamais travaillé et qu'il est recouvert en permanence. Pour un sol idéal, cherchons donc à imiter la forêt en évitant de le retourner et en lui apportant une couverture végétale profuse et variée chaque fois que possible.

La fertilité d'un sol dépend de la quantité de vie qu'il héberge, mais pour que les habitants du sol soient nombreux, ils ont besoin d'être nourris et protégés. Le couvert végétal répond à ces conditions en apportant de la matière organique fraîche, ainsi qu'une protection. Dans un sol nu, la perte en eau due à l'évaporation est très rapide, de plus le soleil va oxyder le sol et détruire les micro-organismes en surface ; le sol sera également plus vulnérable aux intempéries qui favoriseront le compactage et l'érosion. La couverture végétale au contraire, va protéger le sol.

LES PAILLAGES : ils permettent de limiter les adventices, conserver l'humidité, apporter de la matière organique, favoriser l'activité biologique, structurer le sol, empêcher le compactage, favoriser la pénétration de l'eau, protéger le sol des fortes pluies et de l'érosion. Si de nombreuses matières peuvent être utilisées, telles que paille, tonte de gazon, foin, feuillages, broussailles broyées, fougères, déchets de culture... il est intéressant de prendre également en compte leur rapport Carbone/Azote afin d'enrichir le sol au plus près de ses besoins. Plus riches en Carbone, les matières sèches auront l'avantage de durer plus longtemps (paille, brindilles, etc.), alors que les matières fraîches, plus riches en azote, auront l'avantage de s'intégrer et d'enrichir plus rapidement le sol (herbe fraîche, feuilles vertes, etc.). Le paillage idéal étant sans doute de mélanger différentes matières afin d'obtenir un paillage à la fois protecteur et nourricier. Le mélange de paille et de tonte de gazon par exemple, s'avère un excellent paillage. Il peut également être utile de glisser une première couche de brindilles en dessous, car elles favoriseront l'aération du paillage. Dans l'idéal, le sol doit être couvert en permanence, cependant sur les sols ayant du mal à se réchauffer ou sur des semis risquant d'être dévorés par les limaces, il est préférable au printemps de ne pas rajouter du paillage trop tôt. Dans tous les cas, le paillage est très indiqué en été où il protégera le sol et conservera l'humidité, tout en favorisant l'activité biologique et en limitant les adventices.

- **Pour une meilleure aération du paillage :** il est préférable de l'installer en période a, b, c, d, i, j, k ou l (voir les lettres (superpositions des signes et constellations) dans les courbes p.72 à 95).
- **Pour une décomposition plus rapide du paillage :** il est préférable de l'installer en période r, s ou t. Cette solution a l'avantage de nourrir et d'enrichir le sol plus rapidement.

LES ENGRAIS VERTS : ils constituent un excellent couvert végétal, qu'il s'agisse d'interculture ou de cultures associées. Ils favorisent le développement de la vie biologique des sols en les fertilisant et en améliorant leur structure, tout en les protégeant de l'érosion et de l'oxydation. Mais il est important de les laisser arriver au stade de floraison avant de les écraser. Divers engrais verts peuvent être semés (seuls ou en mélange) : trèfles, luzerne, phacélie, colza, moutarde, avoine, seigle, vesce, sarrasin, lin, pois, épinards, etc.

- **Pour obtenir une masse végétale plus importante :** semer de préférence à une date "feuilles".
- **Pour favoriser l'amélioration de la structure du sol :** semer de préférence à une date "racines".

Compostage

Le compostage est le processus de transformation des déchets animaux ou végétaux en un produit vivant et facilement assimilable par le sol.
L'ajout d'orties, de consoude ou d'autres plantes sous forme de purin, permet également d'activer le processus de transformation et d'enrichir le compost.

Un bon compost doit être léger, riche et dégager une agréable odeur d'humus. Pour cela, il doit être retourné une ou deux fois lors de sa transformation, afin qu'il soit bien oxygéné et ne se compacte pas.

En agriculture, le compostage en tas s'avère très bénéfique comparé à l'épandage direct de fumier. Par contre au jardin, bien que l'utilisation du compost soit intéressante, le compostage de surface peut s'avérer plus avantageux. En effet, les matières organiques fraîches déposées directement au sol (ou mieux sous un paillis) nourrissent davantage ses habitants, ce qui favorise la biodiversité et assure ainsi une meilleure fertilité au sol. De plus, cette technique évite la perte importante de matière organique qu'occasionne l'échauffement d'un tas de compost lors de sa fermentation (perte se faisant principalement sous forme de CO_2).

Pour une meilleure assimilation, épandre le compost en lune descendante.

Ce tableau fait la synthèse des facteurs lunaires et planétaires favorisant la transformation du compost.

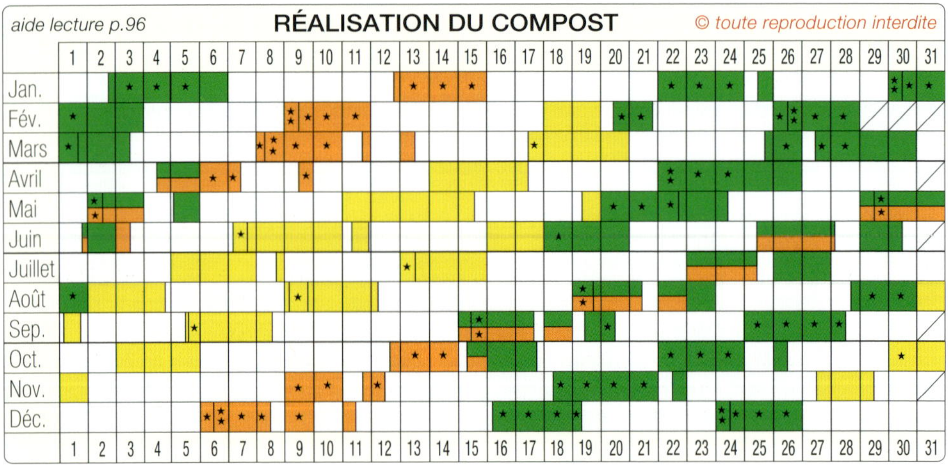

- (vert) favorable à la réalisation (mise en tas) ou au brassage du compost ayant un bon échauffement (le plus pratiqué).
- (jaune) favorable à la réalisation d'un compost ayant un faible échauffement.
- (orange) favorable au compostage de surface.

★ meilleur avec *
(vert/blanc) vert = matin, blanc = après-midi.
(vert/orange) favorable aux deux couleurs indiquées.

FUMIER : l'épandre en lune descendante, si possible les jours en orange (voir tableau).

Fertilisants

De manière générale, l'assimilation et la fertilisation seront meilleures si le fertilisant est apporté en lune descendante.

En maintenant un bon équilibre du sol, grâce aux engrais verts et au compost, il est possible de se passer d'autres fertilisants.

- **Compost et fumier :** voir le tableau p. 26.
- **Purins fertilisants :** voir p. 28.

- **Engrais et amendements :** ils seront mieux assimilés, si épandus pendant les périodes n, o, r, s, t, u, v, w et si possible en lune croissante.

- **Engrais foliaires :** ils seront mieux assimilés, si pulvérisés en périodes a, b, c, d, e, f, i, j, k, l, m et si possible en lune décroissante, de préférence le matin (le soir, si temps sec et chaud).

- **Lisiers et purins d'animaux :** épandre en lune descendante pour une meilleure assimilation et fertilisation. Mais sur une végétation existante, les lisiers de porc brûlant facilement, il est préférable de perdre en efficacité et d'épandre en lune montante. Pour éviter de brûler :
  - épandre en période a, b, c, d, e*, f*, i, j, k, l, m* et si possible en lune croissante ;
  - ajouter du lithothamne (algue correctrice d'acidité) à raison d'environ 30 kg/t de lisier ;
  - éviter les grosses chaleurs et les périodes de gel.

- **Lombricompost (vermicompost) :** simple et facile à mettre en œuvre, il consiste en la digestion de déchets organiques par les vers de terre. À l'inverse d'un compost en tas, le lombricompost évite la perte de matière organique par fermentation et produit un compost beaucoup plus riche en nutriments et en micro-organismes actifs. Ne produisant pas d'odeurs, le lombricompost peut facilement être réalisé en intérieur (température idéale 20 °C). Cette technique permet également l'élaboration d'engrais liquide (jus de compost) extrêmement riche en nutriments.

- **Thé de compost aéré :** largement développée aux États-Unis par Elaine Ingham, cette méthode permet d'extraire les micro-organismes bénéfiques d'un compost et de les multiplier. Pulvérisés sur les plantes, ces micro-organismes vont coloniser la surface des feuilles et empêcher ainsi l'installation de micro-organismes pathogènes. Utilisé principalement pour prévenir les maladies cryptogamiques (voir dates p. 30), le thé de compost aéré est également un fertilisant et un activateur de sol.

- Fabrication : dans une cuve remplie aux trois quarts d'eau de pluie (ou de source), immerger un sac de toile fine (400 microns) dans lequel on aura préalablement mis du lombricompost (ou à la rigueur du compost mûr de qualité) à raison de 1 kg/50 l d'eau. Afin que les micro-organismes aérobies se développent, la préparation se doit d'être aérée en continu par une pompe à air. Utiliser une pompe à air avec deux sorties minimum, en insérant une sortie dans le sac et l'autre dans la cuve. La pompe devra fonctionner pendant 24 h (température idéale du lieu : 22 °C). À la mise en route, on ajoute de la mélasse de canne bio (125 g/50 l d'eau) pour nourrir les micro-organismes et leur permettre de se multiplier. Pour améliorer l'efficacité du thé ou accentuer son côté fongique ou bactérien, on peut aussi rajouter certains additifs (env. 1 c. à s./50 l) tels que : acide humique, algues (spiruline, chlorella…), huile de foie de morue…
Plus d'infos sur www.calendrier-lunaire.fr

- Démarrer l'opération tôt le matin aux dates indiquées p. 30, puis pulvériser tôt le lendemain matin (dilué à 50 %). À renouveler tous les mois.

Purins de plantes

La macération des plantes permet d'en extraire et d'en activer les principes actifs. Formidables fertilisants et stimulants naturels, les purins végétaux protègent contre de nombreuses maladies au jardin.

Ortie, consoude, prêle, fougère, tanaisie, ail, camomille, souci, achillée, pissenlit...

La fabrication du purin est semblable d'une plante à l'autre. Préférer un récipient en bois ou en grès ou en plastique, mais pas métallique. Utiliser de l'eau de pluie ou de source (voir p. 35).

De façon générale : pour 10 l d'eau, ajouter 1 kg de plantes fraîches et suivant l'utilisation laisser fermenter une à quatre semaines en remuant de temps en temps. Ensuite, filtrer et utiliser dilué à 10 ou 20 volumes d'eau suivant les cas.
Astuce : la filtration sera facilitée si au départ on met les plantes dans un sac en toile.

Purin d'ortie : l'ortie est une plante extrêmement riche, notamment en azote et en fer. Son purin s'utilise comme fertilisant en laissant macérer trois semaines, puis en diluant 10 fois pour un épandage sur le sol, et 20 fois pour une utilisation sur les feuilles. Mais il s'utilise également en prévention des maladies cryptogamiques sur le feuillage, dans ce cas, laisser macérer une semaine et diluer 15 à 20 fois.

Purin de consoude (de Russie) : très riche en potasse et en bore, le purin de consoude s'utilise principalement comme fertilisant, très apprécié des solanacées et cucurbitacées. Laisser macérer deux à quatre semaines et diluer 10 fois pour un épandage sur le sol, ou 20 fois pour une utilisation sur les feuilles. On peut également utiliser la consoude fraîche en couverture du sol ou fanée enfouie en surface dans le sol.

Purin de compost : efficace contre les maladies cryptogamiques en pulvérisation sur le feuillage, ce purin aide à détruire les champignons et renforce l'immunité des plantes. Mélanger un volume de compost bien mûr dans 10 volumes d'eau et laisser macérer 1 à 2 semaines. Filtrer et pulvériser non dilué.

QUAND PRÉPARER UN PURIN ?

Dates favorables pour préparer un purin
Mars : 5*, 6, 7m, 24am, 25, 26am*, 27am, 28m.
Avril : 1am*, 2m*, 2am, 3, 4, 5, 21, 22, 23, 24, 29*, 30m, 30am*.
Mai : 1, 2, 3, 20am, 21, 26*, 27, 28, 29, 30m*, 30am, 31.
Juin : 22am*, 23am*, 24, 25, 26, 27.
Juillet : 3m, 20*, 21, 22, 23m*, 23am, 24, 25m, 30.
Août : 16am*, 17, 18, 19, 20, 21m, 26am*, 27, 28, 29, 30m.
Septembre : 15, 16, 17m, 23, 24, 25, 26.
Octobre : 20, 21, 22, 23, 24m*, 28am.
(m = matin, am = après-midi, meilleur avec*).
Meilleur résultat en associant à ces dates un effet de marée montante (p. 19).

QUAND UTILISER UN PURIN ?

- Les purins utilisés en prévention des maladies sont à utiliser de préférence en lune décroissante, si possible associée à la lune montante.

- Les purins fertilisants sont à utiliser de préférence en lune descendante, si possible associée à la lune décroissante.

LES PLANTES QUI SOIGNENT LES PLANTES : de nombreuses plantes, de par leur composition, peuvent servir à prévenir les maladies et les attaques d'insectes. On peut les utiliser sous forme de purin, décoction, infusion ou macération (voir utilisation p. 28-30). Voici quelques exemples des plantes les plus utilisées (brasser en créant un tourbillon pendant 3 à 5 min avant de pulvériser).

LES PLANTES à ACTION FONGICIDE : préviennent et évitent les maladies cryptogamiques.

• oignon	• ortie	• prêle	• raifort	• sarriette	• tanaisie

Infusion diluée à 20 % - cloque - mildiou - oïdium	*Purin dilué à 15 %* - mildiou - moniliose - oïdium	*Macération (3 à 4 j.) diluée à 15 %* - mildiou - moniliose - oïdium	*Décoction diluée à 20 %* - cloque - moniliose	*Infusion diluée à 20 %* - oïdium - rouille - tavelure	*Macération ou infusion diluée à 20 %* - mildiou - rouille

LES PLANTES À ACTION INSECTICIDE : éliminent et préviennent les invasions d'insectes.

• ail	• fougère	• pyrèthre	• sureau	• tanaisie	• tomate

Macération (3 à 4 jours) diluée à 15 % - acariens - mouches oignon - pucerons	*Purin dilué à 10 %* - taupins	*Macération (1 j.) diluée à 20 %* - acariens - aleurodes - pucerons	*Infusion diluée à 20 %* - altises - pucerons - thrips	*Décoction diluée à 15 %* - acariens - aleurodes - altises	*Macération (3 à 4 j.) diluée à 15 %* - altises - piérides

LES PLANTES RÉPULSIVES : éloignent les insectes.

• absinthe	• capucine	• euphorbe	• lavande	• lierre	• rue

Infusion ou décoction diluée à 15 % - limaces - piérides - pucerons	*Décoction diluée à 25 %* - mouche blanche - pucerons	*Macération (5 j.)* diluée à 15 % - limaces - taupes	*Infusion diluée à 15 %* - fourmis - pucerons	*Macération diluée à 10 %* - acariens - aleurodes - pucerons	*Macération (6 j.) diluée à 60 %* - rongeurs

LES PLANTES STIMULANTES : renforcent la flore microbienne et l'immunité des plantes.

• achillée	• bardane	• camomille	• consoude	• ortie	• pissenlit

Macération (2 à 3 j.) diluée à 10 %	*Infusion diluée à 25 %*	*Décoction diluée à 10 %*	*Infusion ou purin dilué à 5 %*	*Infusion ou purin dilué à 5 %*	*Infusion ou purin dilué de 5 % à 10%*

Exemple dilution : 20 % = 1 volume de produit + 4 volumes d'eau.

Prévention des maladies et des parasites

Les maladies des plantes peuvent être évitées si le sol a un bon équilibre ainsi qu'une activité biologique intense.

Dans la plupart des cas, l'intensification de la vie du sol apportera suffisamment d'énergie aux plantes pour les protéger des maladies.

Un pH foliaire légèrement acide favorise la bonne santé de la plante. Une eau avec un pH de 5 à 6 augmente donc l'efficacité d'un traitement. Pour obtenir ce résultat, ajouter un peu de vitamine C ou de vinaigre de cidre dans la pulvérisation (ne pas utiliser avec du bicarbonate de soude) en vérifiant le pH avec du papier pH (voir eau p. 35).

THÉ DE COMPOST AÉRÉ : (voir fabrication p. 27) ce thé est très efficace pour prévenir les maladies cryptogamiques.

Dates favorables pour sa préparation
Mars : 16, 17*, 18, 19, 25*, 28*. **Avril :** 12, 13, 14, 15, 21*, 22*, 23*, 24*. **Mai :** 9, 10*, 12, 18, 19, 21*. **Juin :** 6, 8, 9, 14, 15, 16, 17,18*. **Juillet :** 3*, 5, 6, 11, 12, 13, 14, 15, 30*. **Août :** 1, 8, 9, 10, 11*, 27*, 28*, 29*, 30*. **Septembre :** 4*, 5, 6, 7, 23*, 24*, 25**, 26*.
(meilleur avec*)

EXTRAIT DE PÉPIN DE PAMPLEMOUSSE : renforce et purifie la plante par son action désinfectante et fongicide. Pulvériser sur les plantes aux dates du tableau "fongicides" à raison de 35 à 40 gouttes par litre d'eau de pluie, voire 50 gouttes pour éviter le mildiou. Renouveler tous les 10-15 jours et après les pluies.

CHARBON DE BOIS : très efficace pour éviter la fonte des semis, le charbon de bois a un effet purificateur et assainissant sur le sol. Avant les semis, en lune montante et décroissante, mélanger du charbon de bois naturel réduit en poudre à la terre à raison de 100 à 150 g/m^2.

SUIE : la suie (combustion bois) a un effet sur les maladies cryptogamiques et aide à la protection des organismes dans le sol (ne pas utiliser avec du charbon de bois ou sur sol très acide). Mélanger 200 à 300 g de suie sèche (non grasse) à 10 l d'eau, de préférence en lune croissante dans les périodes a, b, c, d, i, j, k, l éviter les récipients en métal. Laisser macérer quelques jours en brassant tous les soirs. Pulvériser sur le sol, renouveler environ tous les mois.

BICARBONATE DE SOUDE : il stimule et rééquilibre les sols calcaires, ce qui entraîne une régression des maladies. Quelques semaines avant le semis, pulvériser sur le sol à la rosée, à raison de 20 à 50 g/l d'eau. Il peut également être utilisé sur les plantes à raison de 5 g/l .

PURINS DE PLANTES : voir p. 28.

INFUSION DE PLANTES : on infuse généralement environ 100 g de plante fraîche/l d'eau de pluie ou de source. Pour une meilleure efficacité, pulvériser aux dates du tableau p.31.

DÉCOCTION DE PLANTES : de manière générale, faire bouillir environ 100 g de plante fraîche par litre d'eau de pluie ou de source (env. 15 min.) et laisser refroidir. Pour une meilleure efficacité, pulvériser aux dates du tableau p. 31.

MACÉRATION DE PLANTES : généralement, faire macérer à froid entre 1 et 5 jours. Pour une meilleure efficacité pulvériser aux dates du tableau page 31.

HUILES ESSENTIELLES : voir p. 128.

Fongicides et insecticides naturels

Pour préserver l'environnement et pour une meilleure qualité de production, nous vous conseillons l'emploi de produits naturels.

Pour éviter les maladies, il est également possible de lutter préventivement (voir p. 28-30).

Certains aspects lunaires et planétaires renforcent l'action des produits fongicides et insecticides. Pulvériser aux dates ci-dessous permet ainsi de réduire les doses tout en conservant une bonne efficacité. **Retrouvez différents types de fongicides et insecticides naturels pages 29 et 30.**

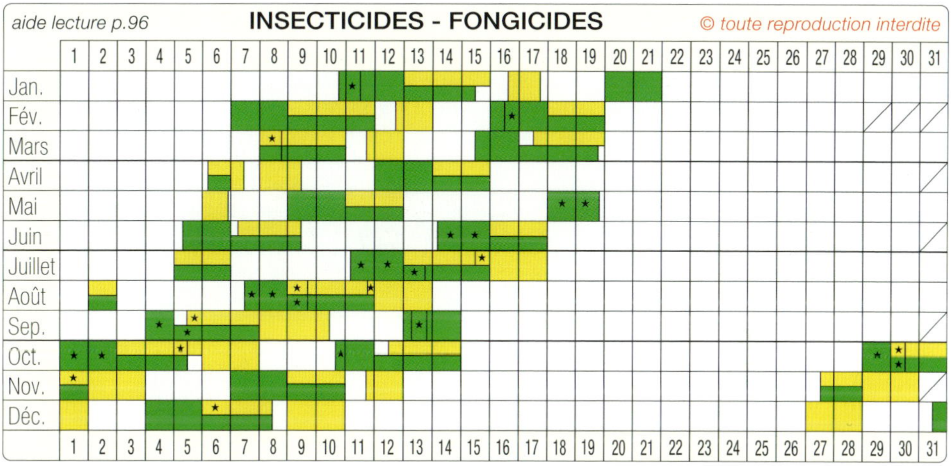

- ■ (jaune) favorables pour les insecticides. Pour plus d'efficacité, pulvériser tôt le matin ou le soir (d'après nos essais, nous constatons une efficacité légèrement supérieure le matin, toutefois, pour limiter l'impact sur les abeilles qui butinent surtout le matin, nous conseillons une pulvérisation le soir).
- ■ (vert) favorables pour les fongicides. Le résultat sera meilleur, si on pulvérise le soir.
- ★ plus il y a d'étoiles pour une date, plus le traitement sera efficace.

PREVENTION DE LA PYRALE DU BUIS : naturel et efficace, le Bacillus thuringiensis est un insecticide qui détruit les chenilles de la pyrale, mais il détruit également les insectes auxiliaires, ce qui n'est pas le cas du traitement homéopathique suivant qui s'avère être une solution préventive, efficace et économique. Certains lecteurs ayant constaté d'excellents résultats avec cette méthode, nous vous la conseillons : se procurer une **dose** homéopathique de Psorinum 30ch, et laisser fondre 3 à 4 globules dans un verre d'eau que vous mélangerez ensuite dans 5 litres d'eau de source ou de pluie. Il suffit ensuite d'arroser le sol au pied du buis, sans pulvériser le feuillage. Cette méthode agissant par effet répulsif, il est préférable d'intervenir dès le début de saison pour un maximum d'efficacité. Le traitement peut-être renouvelé si nécessaire.

Adventices
Herbes indésirables

L'état et la nature d'un sol sont en corrélation avec les plantes qui s'y développent. Un sol carencé, trop acide ou encore compacté favorise le développement de certaines herbes indésirables. Pour limiter leur apparition, il est donc important de veiller, entre autres, au bon équilibre du sol.

Il n'y a pas d'espèce inutile dans la nature et chaque plante a un rôle et une fonction qui lui est propre. Cependant, **un sol déséquilibré favorisera le développement excessif de certaines variétés**. Le bon équilibre d'un sol contribuera ainsi à ce qu'aucune plante ne prenne le dessus sur les autres. **Les herbes que nous jugeons indésirables sont donc un indicateur de l'état du sol.**

FAVORISER LA GERMINATION

Lorsque la Lune passe devant certaines constellations, leurs influences favorisent la germination des graines. Il est donc intéressant de choisir ces dates pour utiliser la technique des faux semis. En effet, travailler le sol à ce moment-là, va favoriser la germination d'un maximum de graines. Une fois les plantules germées et avant le semis, il suffira de retravailler le sol très superficiellement pour les détruire.

LIMITER LA GERMINATION

Travailler le sol favorise la pousse d'adventices dont les graines se retrouvent à la lumière. Toutefois, au moment de certaines influences lunaires, il est possible de limiter cette levée de dormance des graines. Il est donc intéressant de choisir ces périodes pour travailler le sol dans les cultures où l'on n'interviendra plus pendant un certain temps.

aide lecture p.96 — **GERMINATION** —

	1	2	3	4	5	6	7	8	9	10	11	12	13	14	15	16	17	18	19	20	21	22	23	24	25	26	27	28	29	30	31
Jan.										V	V	V	J	J	J	J	J					J	J★								
Fév.						V	V	V	J	J	J	J★	J					J	J										/	/	/
Mars					V★	V	V	J	J	J	J★						J★	J	J												
Avril	V	V	V	V J	J★	J	J★							J	J														V	V	/
Mai	V★	J	J	J	J						J	J														V	V	V	J	J	J
Juin	J★						J★	J														V★	V	V	V J	J	J	J★			/
Juillet					J	J														V★	V★	V	J	J	J★	J					
Août	J	J						V								V	V	V★	J	J	J★	J						J	J	J	
Sep.												V	V	V	J	J	J★	J	J						J	J					/
Oct.									V	V★	V	V J	J	J	J★							J	J								
Nov.						V	V	V★	J	J	J★	J						J	J	J											/
Déc.			V	V	V	J	J	J★	J							J	J													V	V
	1	2	3	4	5	6	7	8	9	10	11	12	13	14	15	16	17	18	19	20	21	22	23	24	25	26	27	28	29	30	31

- ■ (vert) dates favorables pour favoriser la germination (faux semis).
- ■ (jaune) dates favorables pour limiter la germination.
- ★ préférez les jours avec étoiles.
- ▮▯ s'il n'y a qu'une partie de la journée concernée, elle est délimitée par un trait vertical.

• ÉLIMINATION DES ADVENTICES VIVACES

Chardons, fougères, liserons, renouée du Japon, rumex, etc. D'une manière générale les plantes invasives vivaces s'affaibliront davantage et disparaîtront plus facilement si elles sont coupées régulièrement ou arrachées aux dates du tableau ci-dessous.
Ne pas travailler un sol non ressuyé pour ne pas le tasser et pour éviter la prolifération des chardons et des liserons.

■ dates les plus favorables à l'élimination des plantes vivaces, choisir de préférence les dates avec un maximum d'étoiles .

◧ s'il n'y a qu'une partie de la journée concernée, elle est délimitée par un trait vertical (exemple : orange = matin / blanc =après-midi).

aide lecture p.96

ADVENTICES

	1	2	3	4	5	6	7	8	9	10	11	12	13	14	15	16	17	18	19	20	21	22	23	24	25	26	27	28	29	30	31
Jan.	★★	★														■					★★	★★★		■				★★			
Fév.					★							■							★★	★★	■			★★		★	■		/	/	/
Mars											■			■					★★		★★			★★		★	★★				
Avril							■									★★				★★★		■									/
Mai				★							★★						★			★★											
Juin	★		■				★★							★		■		★★					★					★			/
Juillet	■			★	★★						★			■				★							★			■			★★
Août		★★					★									★					★			■						★★	
Sep.			★			■									★		★		★	■				■				★★★		★	/
Oct.			■												★							■ ■			★★	★★★	★★	★★		■	
Nov.						■					■		★							■	★★			★★							/
Déc.								■					★			★★ ★★			■		★★			★							
	1	2	3	4	5	6	7	8	9	10	11	12	13	14	15	16	17	18	19	20	21	22	23	24	25	26	27	28	29	30	31

• ÉLIMINATION DES ADVENTICES ANNUELLES

Pour se débarrasser des adventices annuelles, il est important de les supprimer avant leur floraison afin d'éviter leur propagation (une fois coupées, les plantes sans graines peuvent être utilisées en couverture du sol, afin de lui apporter de la matière organique).

GALINSOGA : le galinsoga est une plante inoffensive et même comestible, cependant elle est extrêmement invasive. Nous vous conseillons donc, si vous la voyez apparaître dans votre jardin, de la supprimer avant floraison. Les graines étant matures dès le début de la floraison, il est conseillé de les détruire et de ne pas les utiliser en couverture du sol, ni de les mettre dans le compost si elles sont fleuries.

• **ESSARTER :** pour éliminer les épines ou les ronces de manière plus efficace, il est préférable de les arracher ou de les couper lors du périgée et si possible en lune décroissante à une date proche de la nouvelle lune (par exemple le 19 février ou mieux le 21 janvier).

Jardinage

Chaque fois que nous intervenons sur le sol et les plantes, nous permettons aux énergies cosmiques du moment de s'y imprégner.
Pour toute intervention sur le sol ou les plantes, il est donc important de choisir des dates ayant une influence favorable sur les plantes que l'on cultive.

FINALITÉ D'UNE CULTURE : pour semer, il est important de choisir une date correspondant à la partie de la plante que l'on veut récolter (racines, feuilles, fleurs, fruits). Par exemple, pour des navets, ce sera une date "racines", pour des tomates, une date "fruits", pour des épinards, une date "feuilles", pour des brocolis, une date "fleurs", etc. (voir tableau page 130).

ÉVITER : pour tous travaux, éviter les périodes correspondant aux zones rouges et aux zones moins (–) indiquées dans les courbes p.72-95.

POUR SEMER : toujours choisir une date correspondant à la partie de la plante que l'on veut récolter (racines, feuilles, fleurs, fruits) et si possible avec le maximum d'étoiles (voir la ligne "cultures" des courbes p.72-95), car elles sont la synthèse des différentes influences lunaires et planétaires. Semer de préférence le matin (voir rythmes journaliers page suivante).

Le choix de la date du semis est primordial pour obtenir de bons résultats. Quand on ne maîtrise pas cette date (achat de plants, météo…), les actions de repiquage, binage… à de bonnes dates permettront de "récupérer en partie" certaines influences positives.

SEMIS : nos essais nous ont montré que les semis sont principalement influencés par les constellations, les aspects planétaires et la lune croissante ou décroissante. Le rôle de la lune montante ou descendante est par contre très secondaire. Il peut cependant être utile d'en tenir compte pour les plantes qui montent facilement en graines comme les salades d'été (semer dans un sol réchauffé, en date "feuilles" + lune décroissante et descendante retardera la montée des salades).

PLANTER, REPIQUER : en lune descendante et de préférence en fin d'après-midi. Si possible à une date correspondant à la partie de la plante que l'on veut récolter (fruits, racines, fleurs, feuilles).

SARCLER, BINER, BUTTER : les jours correspondant à la plante, par exemple les jours "feuilles" pour des salades. Si le semis a également été réalisé à une bonne date, cela amplifiera l'impulsion positive déjà intégrée par le sol au moment du semis.
En période sèche : pour limiter l'évaporation, sarcler le soir en période b, e, f, j, n, o, s, u, v, w, voir courbes p. 72-95.
En période humide : pour aider à ressuyer, sarcler le matin en a, c, d, i, k, L, m, q, r, t.

ARROSER : pour éviter un enracinement superficiel, arroser davantage et moins souvent. La période idéale étant la lune descendante, de préférence en période m, n, s, t, u, v en évitant la période q, voir courbes p.72-95.

PAILLER : le paillage, tout en protégeant le sol, limite l'arrosage et les adventices, voir p. 25.

TRAVAIL DU SOL : il est important d'aérer le sol, en évitant toutefois de le retourner, voir "le sol" p. 24. Les outils de type "grelinette" s'avèrent très adaptés à ce travail.

ENDIVES : pour développer la racine au maximum, l'idéal est de les semer et de biner à des dates "racines", puis de les arracher en lune descendante et enfin de les forcer en lune montante à une date "feuilles" pour obtenir un meilleur résultat.

FRAISIERS : le résultat sera meilleur si on les repique en période q, r, avec une préférence pour la période q, voir p. 72-95. En 2023 par exemple le 12 septembre.

POMMES DE TERRE : planter les pommes de terre à une date "racines" avec un maximum d'étoiles (voir courbes p. 72-95). Pour produire des plants de meilleure qualité, planter les pommes de terre en période i, j. Pour éviter que les pommes de terre aient tendance à pousser hors de terre (pommes de terre vertes à la récolte), buttez-les en lune décroissante lorsque la lune se trouve devant une constellation de terre et si possible avec un effet de marée descendante.
Les pommes de terre dégermées en période s, t, u, et de préférence quand la Lune est décroissante, regermeront moins vite.

SALADES : toujours semer à une date "feuilles". Dans la période printemps-été, pour éviter la montaison, il est préférable de choisir une date "feuilles" qui soit également en lune décroissante et descendante. À l'automne par contre, le Soleil étant descendant, il est préférable que la lune soit décroissante et montante (pour équilibrer les énergies du semis).

L'EAU : la qualité de l'eau est très importante pour les plantes. L'eau de réseau qui contient entre autres du chlore ne répond malheureusement pas à leurs exigences; l'eau de pluie ou l'eau de source sont beaucoup plus adaptées pour l'arrosage.

De façon générale, les plantes possèdent un pH foliaire acide. Dans l'idéal, l'eau utilisée pour les traitements foliaires devrait donc être, elle aussi, légèrement acide (pH 5 ou 6). Cela augmente l'efficacité d'un traitement et permet ainsi de réduire les doses.

Les eaux de pluie et de source sont généralement un peu acides, mais si toutefois elles ne le sont pas assez, on peut ajuster leur pH en utilisant du vinaigre de cidre ou de la vitamine C (vérifier avec du papier pH).

On constate également qu'une eau "dynamisée" est bien plus stimulante pour les plantes qu'une eau stagnante. L'efficacité d'un traitement sera donc accrue si on brasse énergiquement la préparation en créant un tourbillon, avant de pulvériser.

Rythmes journaliers

La terre est soumise à des énergies qui changent suivant les saisons. Au printemps, le Soleil est montant, il se crée une dynamique correspondant à une expiration; tandis qu'à l'automne, le Soleil étant descendant, cette dynamique correspond à une inspiration. Nous retrouvons également cette dynamique dans le cycle de la lune montante (printemps lunaire) et descendante (automne lunaire). Il est intéressant de constater qu'il en va de même du rythme d'une journée :

- **le matin**, les énergies sont montantes, la terre expire. C'est le bon moment par exemple pour faire les semis, pour sarcler (en période humide), pour récolter les parties aériennes des plantes... ;
- **l'après-midi**, la terre inspire, les énergies descendent. C'est le bon moment pour planter, pour repiquer, pour sarcler (en période sèche), pour récolter des racines... ;
- entre ces deux dynamiques, il y a une période d'inversion qui se situe au maximum entre 12 h et 15 h. Il est préférable d'éviter cette période pour les travaux importants (semer, repiquer, planter...).

Rotation des cultures

Chaque plante utilise des éléments nutritifs différents, que les racines vont chercher dans les différentes couches du sol. Cultiver la même plante toujours au même endroit épuise et déséquilibre donc le sol. Ce qui favorise la multiplication des parasites, des mauvaises herbes et des maladies propres à la plante.

Le principe de la rotation des cultures consiste à alterner des plantes ayant des modes de végétation et des besoins différents. Cette rotation permet au sol de renouveler son stock d'éléments épuisés. Un sol riche en humus supportera davantage un manque de rotation, mais de façon générale, il est préférable de laisser passer trois à cinq ans avant de cultiver à nouveau une plante au même endroit. Ce temps peut toutefois être réduit, voire supprimé pour les légumes à cycle végétatif court, tels que les épinards, les salades, les radis roses… En revanche, il est souhaitable de laisser passer davantage de temps pour les cultures restant en place plusieurs années telles que les artichauts, les fraises, les asperges… La tomate, quant à elle, peut être considérée comme une exception puisqu'elle supporte de pousser plusieurs années à la même place, bien qu'une rotation puisse être utile pour éviter le risque de maladies.

La rotation doit répondre à trois règles.

PREMIÈRE RÈGLE : séparer les plantes suivant la partie récoltée : racines, feuilles, fleurs ou fruits.
Pour permettre au sol de se régénérer plus vite qu'il ne s'épuise, le cycle de rotation suivant est le plus adapté : plantes "fruits", plantes "fleurs", plantes "feuilles", plantes "racines". Quel que soit le légume de départ, il est important par la suite de respecter cet ordre. Il peut y avoir plusieurs rotations dans la même année, par exemple un légume peut être suivi ou précédé d'un engrais vert. En plus des rotations, il est important de tenir compte des associations de plantes (voir p. 126).

Exemple de rotation sur quatre ans :
1) cucurbitacées, maïs, haricots… ;
2) choux-fleurs, engrais vert (phacélie, trèfle…) ;
3) choux, épinards, salades, poireaux… ;
4) pommes de terre, betteraves, carottes…

DEUXIÈME RÈGLE : ne pas faire se succéder des plantes appartenant à la même famille.
Principales familles botaniques :
- chénopodiacées : betterave, épinard, poirée;
- composées : artichaut, cardon, chicorée, endive, laitue, scorsonère, topinambour;
- crucifères : tous les types de choux, cresson, moutarde, navet, radis;
- cucurbitacées : concombre, courge, courgette, melon, potiron;
- légumineuses : fève, haricot, lentille, luzerne, pois, soja, trèfle;
- liliacées : ail, asperge, ciboulette, échalote, oignon, poireau;
- ombellifères : carotte, céleri, panais, persil;
- solanacées : aubergine, piment, poivron, pomme de terre, tomate.

TROISIÈME RÈGLE : tenir compte de l'exigence en fumure. À une culture nécessitant une bonne fumure, il est bon de faire succéder une culture peu exigeante.
- Cultures exigeantes : aubergine, céleri, chou, épinard, fenouil, maïs, poireau, poivron, pomme de terre, tomate.
- Cultures peu exigeantes : ail, cerfeuil, cresson, échalote, fève, haricot vert, mâche, oignon, radis, salade.
- Les autres légumes sont à classer dans les cultures moyennement exigeantes.

Récoltes

Les influences lunaires et planétaires jouent un rôle sur la qualité et la conservation des fruits et légumes après récolte.
Les courbes (p. 72 à 95) proposent une ligne récolte, avec des étoiles pour les bons jours (vertes pour les parties aériennes et jaunes pour les parties souterraines).

D'une manière générale, privilégier la récolte en lune montante pour ce qui pousse au-dessus de la terre (fruits) et en lune descendante pour ce qui pousse en dessous (racines).
Éviter les périodes rouges (voir courbes p. 72-95) ainsi que les temps orageux. Attention également aux récoltes en signes et constellations d'eau (Cancer, Scorpion et Poissons), car ces périodes favorisent la pourriture.

RÉCOLTE DES PARTIES SOUTERRAINES : les parties souterraines récoltées en lune descendante resteront plus fermes.

En freinant le processus de mûrissement, la lune descendante permettra également aux racines de se conserver plus longtemps et de germer moins facilement. Associer la lune décroissante à la lune descendante améliorera encore davantage la conservation. Par contre, pour la récolte des ails, oignons et échalotes, préférer l'association lune descendante et lune croissante.

RÉCOLTE DES PARTIES AÉRIENNES : récolter les parties aériennes en lune montante permet une bonne conservation. Les fruits entre autres resteront plus juteux et possèderont davantage de propriétés énergétiques. Privilégiez les périodes avec des étoiles vertes dans la ligne des récoltes (p.72 à 95). Éviter les zones rouges et les périodes **f** qui favorisent le pourrissement.

En revanche, pour les fruits à conservation limitée (cerises, fraises, pêches, etc.) nous avons constaté que ceux cueillis en lune descendante et décroissante se conservaient un peu plus longtemps.

Pour améliorer la durée de conservation des potimarrons et variétés de courges n'ayant pas une bonne conservation, récolter aux dates suivantes :

Août : 19, 20, 21m, 26am*, 27*, 28*, 29*, 30m*.
Septembre : 23*, 24*, 25*, 26*.
Octobre : 20, 21, 22*, 23*, 24m*.
(m = matin, am = après-midi, meilleur avec *)

CONSOMMATION IMMÉDIATE : pour les légumes qui seront consommés dans la journée même (salades, herbes aromatiques, haricots verts, radis roses…), nous vous conseillons de les récolter le matin à la rosée, plutôt que juste avant le repas. En effet, la rosée est très chargée en énergie et apporte une vitalité supplémentaire aux produits. Les salades seront par exemple plus fraîches et plus croquantes.

INFLUENCE DES EFFETS DE MARÉES SUR LES RÉCOLTES : les effets de marées (voir p. 19) jouent également un rôle sur la conservation des récoltes. Bien qu'il ne soit pas simple de réunir toutes les conditions, choisir si possible un effet de marée descendante en lune croissante ou un effet de marée montante en lune décroissante. Ce sera un plus.

Récolte des semences

Les graines sont notre héritage, c'est un devoir de transmettre aux générations futures les semences qui les nourriront demain.
Récolter les graines suivant les influences lunaires permet d'améliorer leur qualité ainsi que la pérennité de la variété.

Pour des semences de qualité optimale, les graines doivent être recueillies par temps sec sur de belles plantes, saines et ayant eu un cycle végétatif normal (salade ayant bien pommé, par exemple). Le résultat sera d'autant meilleur si la plante productrice a bénéficié des meilleures influences lunaires tout au long de son développement. La plante doit donc être semée et entretenue suivant son type (salades = "feuilles", tomates = "fruits", carottes = "racines", etc.) et récoltée suivant le tableau.

• **Récolte de graines de tomates :** à une date "fruits", sur un pied sain, cueillir une belle tomate. Attendre une journée, puis extraire les graines et les mettre dans un bol avec leur jus et un peu d'eau. Laisser fermenter un ou deux jours pour détruire la gélatine et les bactéries, puis rincer et sécher. Par exemple : tomates récoltées le 20 juillet et graines extraites le 21 juillet.

• **Récolte de graines de haricots :** sélectionner de beaux pieds de haricots que vous arracherez à une date "fruits", les pendre ensuite dans un endroit sec et aéré pour terminer le séchage. Une fois défaits, congeler les haricots (dans une boîte hermétique) quelques jours pour détruire les bruches.

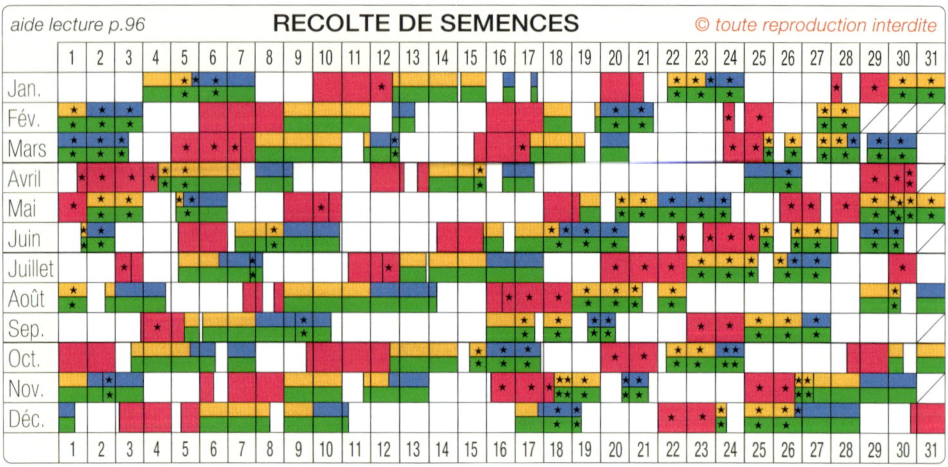

Périodes favorables pour la récolte de graines :

- pour les plantes "fruits".
- pour les plantes "racines".
- pour les plantes "fleurs".
- pour les plantes "feuilles".
- ★ meilleurs résultats avec étoile.

Récolte des plantes médicinales et tisanes

Les cycles lunaires ont une influence sur les qualités médicinales et gustatives des plantes récoltées, ainsi que sur leur conservation.
Certaines dates sont favorables à la récolte des parties aériennes des plantes, alors que d'autres le sont pour les parties souterraines.

Les plantes récoltées en lune croissante (surtout à proximité de la pleine lune) auront davantage de vitalité, cependant leurs propriétés médicinales seront moins perceptibles qu'en lune décroissante.

Les plantes récoltées en lune décroissante (surtout à proximité de la nouvelle lune) garderont davantage de propriétés médicinales. Elles sécheront plus facilement tout en affinant leurs senteurs.

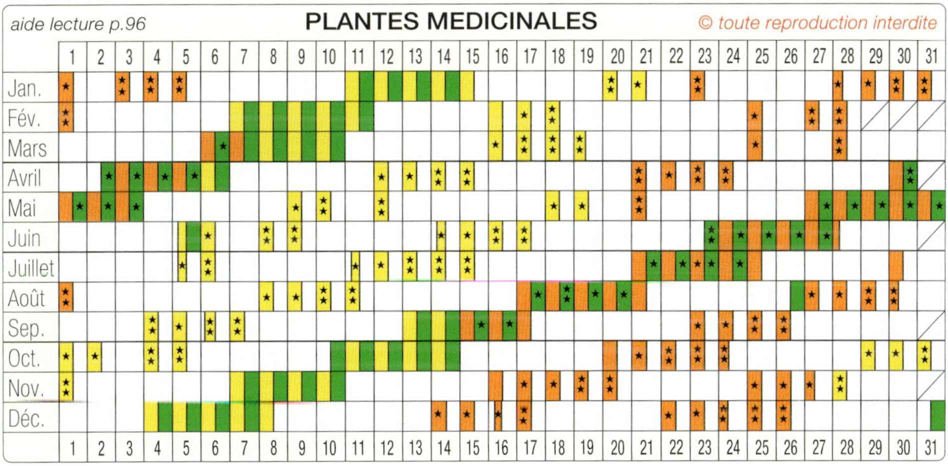

■ **récolte des parties aériennes (camomille, reine des prés, verveine, thym, aubépine, tilleul...).** Le matin, l'activité de la plante est davantage concentrée dans ses parties aériennes. Récoltées en fin de matinée, elles seront plus riches en principes actifs.

■ **récolte des bourgeons pour gemmothérapie (cassis, pin, figuier...).** Récoltés en fin de matinée, les bourgeons seront plus riches en principes actifs.

■ **récolte des parties souterraines (gentiane, guimauve, pissenlit...).** L'après-midi, l'activité de la plante est davantage concentrée dans ses parties souterraines. Récoltées dans la deuxième partie de l'après-midi (après 15h) elles seront plus riches en principes actifs.

★ **favorable :** plus il y a d'étoiles plus l'effet sera favorable.

■ les traits verticaux délimitent une partie de la journée (ex. : jaune = matin, vert = après-midi).

Arbustes à petits fruits

BOUTURER : pour un bon résultat, à l'automne, le dernier jour de la lune montante, couper des boutures d'environ 15 cm sur le bois de l'année. Faire des bottes d'une dizaine de boutures tenues par un élastique. Les conserver une journée dans un sac plastique au bas du réfrigérateur. Puis, au début de la lune descendante, les enterrer en laissant dépasser un peu moins de la moitié. La position oblique des boutures favorise la reprise (les incliner de 45° environ). Au printemps, dès les premières feuilles, en lune descendante retirer délicatement les boutures, puis placer chacune d'elles dans un pot avec de la tourbe enrichie. Quelques semaines après, quand les racines se sont développées, mettre en place ou dans un pot plus grand avec du terreau. On a remarqué que le bouturage en bottes augmentait l'activité hormonale, d'où une meilleure reprise.

PLANTER : en lune descendante, de préférence à l'automne pour favoriser l'enracinement ; sinon jusqu'au printemps, mais en évitant les périodes de gel.

TAILLER : suivant les variétés (voir ci-dessous), **mais toujours en lune descendante**.

- **Framboisiers non remontants :** (une seule récolte par an) après la récolte, rabattre les tiges au niveau du sol (cela évitera la transmission d'éventuelles maladies). Au printemps, supprimer les tiges trop faibles (ou en excès) et celles qui s'éloignent trop du centre de la touffe. Nous vous conseillons de tailler les tiges restantes à différentes hauteurs afin d'échelonner la récolte (de 15 à 20 cm pour une tige courte jusqu'à environ 1 m pour une tige longue). Les tiges longues fructifieront plus rapidement et les courtes plus tardivement.

- **Framboisier remontant :** (deux récoltes par an) après la première récolte, rabattre au niveau du sol les tiges qui ont fructifié (cela évitera la transmission d'éventuelles maladies). En mars, supprimer les tiges trop faibles et celles en excès ainsi que celles qui s'éloignent trop du centre de la touffe. Rabattre les tiges restantes en laissant entre 60 et 80 cm.

- **Groseillier et cassissier :** tailler en fin d'hiver, et en dehors des gelées. Conserver 10 à 12 branches en supprimant les plus âgées et en veillant à aérer le milieu de la touffe. Pour développer de nouvelles branches sur les arbustes peu étoffés, nous vous conseillons de rabattre les branches d'un tiers.

- **Mûrier ronce :** après la récolte, rabattre à la base les tiges qui ont fructifié (cela évitera la transmission d'éventuelles maladies). Dans l'hiver, supprimer les rejets les moins vigoureux en laissant 5 à 7 tiges par souche et tailler les ramifications à environ 20 cm de ces tiges principales.

- **Actinidia (kiwi) :** en février, tailler en laissant 3 yeux au-dessus du dernier fruit porté l'année précédente. Pour favoriser le renouvellement, couper également 1 ou 2 branches au ras du sol. Début juillet, rabattre les rameaux en conservant 4 feuilles au-dessus du dernier groupe de fruits et couper les rameaux sans fruits. Renouveler l'opération en août.

Arboriculture

Les influences lunaires en cours lors de nos différentes interventions sur les arbres peuvent favoriser ou au contraire entraver leur développement.
Les arbres s'enracineront mieux et se développeront plus rapidement s'ils sont plantés en lune descendante, par exemple. Alors que les greffes réussiront beaucoup mieux en lune montante.

ÉVITER : pour toutes les opérations suivantes, éviter les périodes néfastes que sont les zones rouges et moins (—) des courbes (p.72-95).

PLANTATION : plantés en lune descendante les arbres s'enracineront plus vite, mais éviter de planter lors des périodes néfastes ainsi que les aspects Lune carré Soleil, Mars et Saturne (voir p.14-17) qui freinent leur développement.

Planter à l'automne ou au printemps ? Il est préférable de planter à l'automne, surtout pour les racines nues, à condition bien sûr d'éviter les périodes de gel. Plantés à l'automne les végétaux démarrent plus vite au printemps suivant, ils seront également plus résistants aux éventuelles périodes de sécheresse pendant l'été. Planter au printemps demandera un suivi plus régulier, surtout au niveau de l'arrosage.

• **Arbres et arbustes à fleurs et à fruits :** pour optimiser leur développement, en plus des indications précédentes, choisir un effet de marée descendante si la Lune est croissante, et un effet de marée montante si la Lune est décroissante (voir effets de marée p.19 et 97).
• **Arbres et arbustes à feuilles :** pour la plupart, la configuration précédente convient, mais pour les arbres qui doivent pousser vite et ceux qui ont tendance à "filer" (peupliers, érables…) il est préférable de les planter en lune montante et décroissante, avec un effet de marée descendante. Les fibres seront moins serrées, mais l'arbre poussera plus vite et avec moins de nœuds.
• **Conifères :** les conifères qui font des racines en surface (sapin, etc.) s'enracineront mieux si on les plante en lune descendante et décroissante. En évitant les périodes néfastes, voir "Éviter".

GREFFONS : prélever et mettre en jauge les greffons en lune montante en décembre-janvier (en période hors gel et en évitant les périodes néfastes, voir "Éviter").

GREFFER : choisir la lune montante en date "fruits" ou à la rigueur "fleurs" et éviter les périodes néfastes citées dans "plantation".

• **Greffe en couronne :** attendre que le porte-greffe commence à fleurir pour qu'il y ait un maximum de poussée de sève et greffer à une date "fruits" en lune montante, par exemple le 12 ou le 21 avril.
• **Greffe en écusson :** elle se pratique en août, en lune montante à une date "fruits", par exemple le 27 août. Pour avoir une bonne poussée de sève, arroser les porte-greffes pendant la quinzaine qui précède l'opération. Prélever l'écusson en laissant un peu de bois derrière l'écorce pour éviter de faire sauter l'œil.

BOUTURER : en lune descendante, l'idéal étant de couper les boutures juste à la fin de la lune montante et de les mettre en terre au début de la lune descendante. Éviter les périodes néfastes (voir aussi "bouturer" p.40).

MARCOTTER : le résultat sera meilleur si on commence le marcottage lorsque la Lune se trouve devant la constellation de la Vierge ou du Scorpion, et si possible en lune croissante. La fin du printemps est la période idéale pour marcotter. Éviter les périodes néfastes (voir "Eviter").

Tailler

Les influences lunaires en cours lors de la taille jouent un rôle important sur le développement des arbres et arbustes.
Tailler un fruitier en lune montante, par exemple, favorisera le développement du bois, alors que la taille en lune descendante favorisera davantage la fructification et accélérera la cicatrisation.

TAILLER EN LUNE DESCENDANTE : c'est le meilleur moment, car en lune descendante, la cicatrisation sera meilleure, la repousse plus lente et l'arbre ira plus à fruit qu'à bois. On peut faire une exception pour la taille de formation, qu'on effectuera en lune montante afin que le bois se développe plus vite. Dans tous les cas, éviter les moments néfastes que sont les zones rouges et moins (-) indiquées dans les courbes (p.72-95) ainsi, bien sûr que les périodes de grands froids.

• **Arbres fruitiers:** tailler en lune descendante, si possible lorsque la Lune est également décroissante et avec un effet de marée montante pour une optimisation maximale (voir p.19).

• **Arbres à feuilles :** tailler en lune descendante et si possible lorsque la lune est également décroissante.

• **Conifères :** tailler en lune descendante et si possible lorsque la lune est également croissante. Toutefois, en ce qui concerne les cyprès et les pyracanthas, il est préférable de remplacer la lune croissante par la lune décroissante.

• **Arbustes à fleurs :** tailler en lune descendante à une date "fleurs" (enlever les gourmands de la base ainsi que les branches mortes ou malades et garder les plus belles branches en les taillant au-dessus d'un bourgeon latéral).
- arbustes fleurissant sur l'ancien bois, floraison printanière (corête du Japon, forsythia, lilas...) : tailler dès que la floraison est terminée.
- arbustes fleurissant sur le nouveau bois, floraison estivale (abélia, buddleia, etc.) : tailler après les grands froids au début du printemps.

LES PÉRIODES DE TAILLE

(pour les tailles d'hiver, éviter les périodes de gel)

Abricotier * : décembre à mars
Amandier : janvier/février
Cerisier * : juillet/août (après récolte)
Châtaignier : décembre à mars
Cognassier : décembre à mars
Citronnier : mars à mai
Clémentinier : mars à mai
Figuier : décembre à mars
Mirabellier * : août à novembre (après récolte)
Noisetier : décembre à mars
Noyer * : octobre/novembre (après récolte)
Olivier : mars/avril
Oranger : mars à mai
Pêcher : décembre à mars
Plaqueminier : décembre à mars
Poirier : décembre à mars
Pommier : décembre à mars
Prunier * : août à novembre (après récolte)
* : arbre supportant difficilement la taille, éviter les tailles sévères.

Couper une branche: il est important de préserver le bourrelet cicatriciel, il permet une bonne cicatrisation et évite l'apparition de maladies. La coupe idéale se situe juste au début du bourrelet cicatriciel.

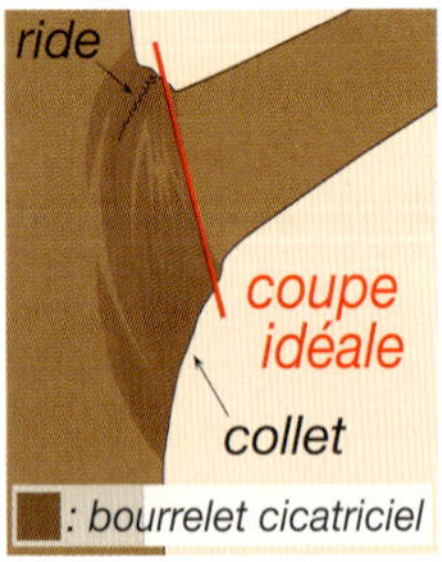

Taille du pommier, quelques conseils

L'arbre et son équilibre naturel : un arbre adapte naturellement son volume de branches en fonction de son volume racinaire. La quantité de sève brute produite par les racines est donc directement adaptée au volume de branches. Si l'on réduit ce volume par la taille, l'arbre n'aura d'autre choix que de développer un nombre important de gourmands, pour tenter de rééquilibrer son rapport racines/branches. Autrement dit plus on taille et plus l'arbre ira à bois.

Savoir observer et anticiper : la taille d'une branche génère un stress important chez l'arbre. Ainsi, plus une branche sera taillée jeune et moins la taille sera traumatisante. Il est donc conseillé d'effectuer un suivi régulier de l'arbre et de l'observer sous différents angles, afin d'anticiper au maximum les coupes éventuelles et réduire ainsi l'impact de la taille.

Tailler le moins possible : une pousse a besoin de se développer trois ans avant de fructifier. Il faut donc garder à l'esprit que chaque taille effectuée retarde la mise à fruits. Par ailleurs, la vigueur de l'arbre est limitée par la fructification. En effet, l'arbre produit moins de bois lorsqu'il concentre son énergie vers les fruits. Inversement, après une taille sévère, l'arbre se concentre sur le bois en développant des gourmands, au détriment de la mise à fruits. En ce sens, moins on taille et plus l'arbre fructifie.

- Lorsque l'on taille : couper à environ 5mm au-dessus d'un œil qui part à l'extérieur, ceci afin de favoriser la cicatrisation et le bon développement de la branche. Tailler en biseau afin que l'eau de pluie s'écoule de l'autre côté de l'œil.

Aérer le centre : s'assurer que les arbres de plein vent soient suffisamment aérés pour que la lumière pénètre bien jusqu'à leur centre. Eviter également de laisser des branches parallèles se développer trop près les unes des autres.

Le bourgeon terminal : c'est lui qui donne l'information de mise à fruits tout en ayant une action modératrice sur la croissance en bois des rameaux inférieurs. Couper ce bourgeon entraîne ainsi un fort développement du bois au détriment de la fructification, qui sera retardée. Il est donc préférable d'éviter de tailler les bourgeons terminaux, qui favorisent la mise à fruits tout en stabilisant la vigueur de l'arbre.

Les gourmands : la taille provoque le développement de rejets à forte vigueur, appelés gourmands, qu'il est préférable de supprimer. Mais si on les taille l'hiver suivant, alors qu'ils sont déjà lignifiés (transformés en bois), il en repoussera au même endroit. Pour éviter cela, il est préférable de les arracher à la main en juin, alors qu'ils sont encore herbacés. Ils s'en iront plus facilement, la plaie cicatrisera mieux et il n'en repoussera pas au même endroit.

En conclusion : «mieux vaut ne pas tailler que mal tailler». Une mauvaise taille peut nuire à la fructification, mais peut aussi occasionner d'importantes blessures qui favoriseront les maladies et réduiront la durée de vie de l'arbre.
Bien tailler nécessite de connaître la physiologie de l'arbre afin de ne pas tailler n'importe quelle partie, n'importe comment; mais cela nécessite également d'observer régulièrement l'arbre pour anticiper et tailler ainsi à bon escient.

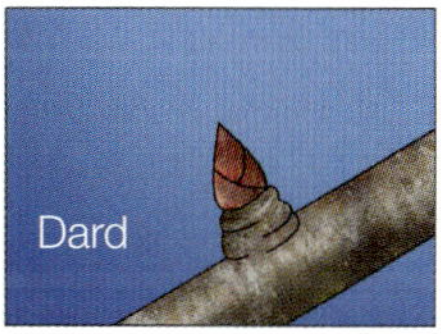

Veiller à conserver toutes les petites formations telles que les dards, lambourdes, bourses et autres coursonnes, car elles sont porteuses de fruits. Conserver également celles qui se trouvent le long des branches charpentières; elles fructifient souvent beaucoup plus, car elles profitent d'une alimentation directe en sève. *Merci à Jacques Calland, président des croqueurs de pommes de la petite montagne (croqueursjura.weebly.com) pour ses précieux conseils.*

Fleurs

Les constellations d'air (Gémeaux, Balance, Verseau) favorisent le développement floral des plantes.

Semer et entretenir une plante durant ces périodes stimulera sa floraison. Les fleurs seront plus belles et dureront plus longtemps.

ÉVITER : pour les opérations suivantes, éviter les zones rouges et moins (-) des courbes (p.72-)

SEMER : à une date "fleurs" et de préférence avec un maximum d'étoiles bleues (voir courbes).

BULBES : planter quand la Lune se trouve devant la constellation de la Balance.

REPIQUER : toujours en lune descendante.

REMPOTER : au printemps (ou à la rigueur en fin d'été) en lune descendante, rempoter dans un pot de diamètre légèrement supérieur.
- Plantes vertes : choisir une date "feuilles", en constellation Cancer ou Scorpion.
- Plantes fleuries : choisir une date "fleurs" en constellation Gémeaux ou Balance.

BOUTURER : sur une plante mère saine, prélever 15 cm d'un rameau non fleuri, couper en biseau juste sous une feuille (noeud). Conserver 2 à 3 feuilles au sommet et couper les autres (si les feuilles du sommet sont grandes, les couper en deux pour limiter l'évaporation). Piquer la bouture dans du terreau, tasser et arroser. Les feuilles de la bouture ont besoin d'humidité, il faut donc les brumiser régulièrement. Le terreau doit rester humide, mais sans plus. La température doit être supérieure à 15 °C. Procéder en début de lune descendante, l'idéal étant de couper les boutures juste à la fin de la lune montante et de les planter au début de la lune descendante.

MARCOTTER : en lune descendante, le résultat sera meilleur si on commence le marcottage pendant la constellation de la Vierge ou du Scorpion et si possible en lune croissante.

TAILLER ARBUSTES À FLEURS : voir p.42.

FERTILISANT : l'apporter en lune descendante et si possible croissante, en évitant les signes de feu qui ont tendance à "dessécher".

PLANTES D'APPARTEMENT :

• **arrosage :** pour les plantes demandant un arrosage limité (toutes les 1 ou 2 semaines)
- Plantes vertes : arroser à une date "feuilles".
- Plantes fleuries : arroser à une date "fleurs".

• **nettoyage des feuilles :** la plante restera propre plus longtemps si on la nettoie entre la nouvelle lune et le premier quartier en constellation "feuilles", si possible Cancer ou Scorpion.

HIVERNAGE DES FLEURS À TUBERCULES : les tubercules nécessitant d'être rentrés l'hiver se conserveront mieux s'ils sont arrachés en lune descendante si possible à une date "fleurs".

BOUQUET : les fleurs se conserveront plus longtemps en vase si elles sont cueillies en lune croissante, surtout après le premier quartier.

FLEURS SECHEES : coupées en signe d'air pendant la lune croissante (idéalement entre le premier quartier et la pleine lune), elles sècheront mieux et conserveront davantage leur couleur.

ATTAQUE DE PUCERONS : mélanger du savon noir naturel avec de l'eau tiède à raison de 5 cuillères à soupe par litre d'eau. Une fois la solution refroidie, pulvériser (le matin ou le soir d'un jour sans pluie) sur la plante sans oublier le dessous des feuilles. À renouveler une ou deux fois selon le degré d'invasion.

Rosiers

Pour éviter tous risques de maladies cryptogamiques ainsi que pour stimuler les rosiers, la pulvérisation de thé de compost aéré sur leur feuillage s'avère très efficace (voir p. 27 et 30).
Les fleurs seront plus belles et plus nombreuses.

ÉVITER : pour toutes les opérations suivantes, éviter les périodes néfastes : zones rouges et moins (—) dans les courbes (p. 72-95).

PLANTER : la meilleure période est en lune descendante et de préférence à l'automne. Préférer les rosiers à racines nues, car la qualité, l'enracinement et la reprise seront meilleurs. Tremper les racines dans un pralin, mélange boueux très riche en éléments nutritifs (terreau/argile/bouse/eau) et planter le pied de façon que le point de greffe se situe juste au niveau du sol. Recouvrir de terre mélangée avec du terreau et un peu de compost bien mûr, tasser puis arroser. Pour un rosier, l'emplacement idéal est ensoleillé et à l'abri du vent.

TRANSPLANTER : en automne pendant la lune descendante, rabattre les branches et rafraîchir les racines avant de le replanter dans son nouveau sol (voir les conseils de "planter").

COMPOST : le rosier épuise facilement le sol; chaque automne en lune descendante, un apport de compost en surface est donc nécessaire pour allonger sa durée de vie.

GREFFER : la greffe en écusson se pratique en lune montante à une date "fleurs" en fin d'été. Greffer le plus bas possible pour éviter la formation de gourmands.

BOUTURER : en septembre, l'idéal étant de couper les boutures juste à la fin de la lune montante et de les mettre en terre au début de la lune descendante (voir aussi "bouturer" p. 40).

TAILLER : choisir une date "fleurs" en lune descendante. Plus on taille court, plus le rosier repart vigoureusement. Les rosiers manquant de vigueur doivent donc être raccourcis un peu plus que les rosiers très vigoureux. Dans tous les cas, veiller à ce que le dernier bourgeon soit dirigé vers l'extérieur.

• **Rosiers remontants :** (plusieurs floraisons dans l'année) en novembre, enlever les fleurs et les fruits ainsi que les brindilles faibles et réduire d'un tiers les branches les plus vigoureuses pour que les racines récupèrent des forces; il est également bénéfique de bêcher légèrement en mettant du compost. Tailler en mars (ne pas le faire trop tôt à cause des gelées), conserver 3 à 7 branches principales réparties autour du pied pour aérer le centre, en laissant 2 à 5 yeux sur les branches latérales.

• **Rosiers non remontants** (une seule floraison dans l'année) : après la floraison, rabattre les vieux bois (de 2 ou 3 ans) jusqu'à la base au profit des nouvelles tiges qui fleuriront beaucoup plus. Celles-ci peuvent être réduites d'un quart pour favoriser le développement des branches latérales. En automne, bêcher légèrement en ajoutant un peu de compost. En mars, procéder à une légère taille de "nettoyage" (une taille trop sévère limiterait la floraison).

TAILLER LES FLEURS : en été, supprimer les fleurs fanées au fur et à mesure permet de prolonger la floraison. En partant de la fleur fanée, repérer la première feuille composée de 5 folioles et couper en biseau juste au-dessus.

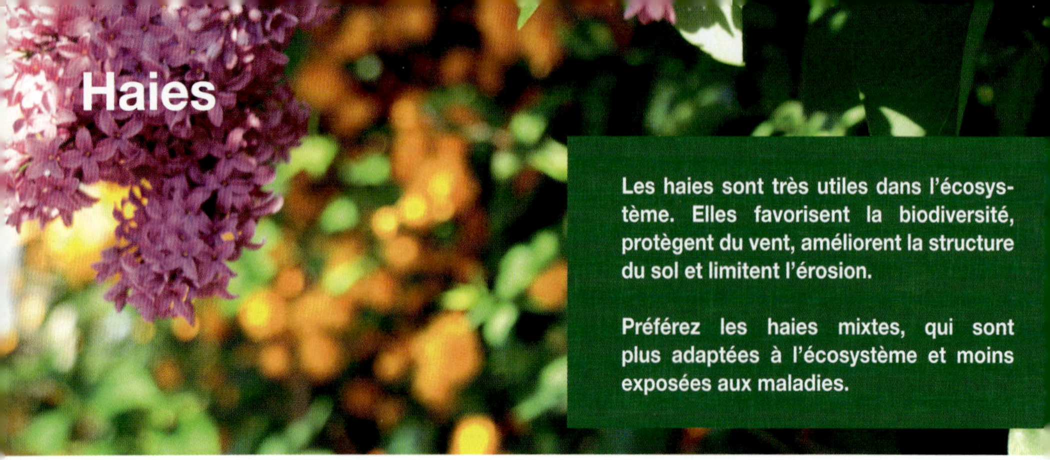

Haies

Les haies sont très utiles dans l'écosystème. Elles favorisent la biodiversité, protègent du vent, améliorent la structure du sol et limitent l'érosion.

Préférez les haies mixtes, qui sont plus adaptées à l'écosystème et moins exposées aux maladies.

Avec une diversité proche des haies champêtres, les haies mixtes sont les plus adaptées au sol et à l'environnement. Les haies monospécifiques (d'une seule espèce) sont quant à elles beaucoup moins adaptées à l'écosystème et, bien que souvent utilisées pour leurs avantages (pousse rapide, gain de place, écran permanent), elles ont l'inconvénient de favoriser les maladies, de déséquilibrer le sol et de réduire la biodiversité. Les haies mixtes au contraire, favorisent la biodiversité et l'équilibre de l'écosystème.

PLANTER : pour une meilleure reprise, planter en lune descendante en évitant les périodes négatives (zones rouges et moins (—) p. 72-95). Planter de préférence en automne (les végétaux démarreront plus vite et seront plus résistants aux éventuelles périodes de sécheresse l'été suivant) ou sinon jusqu'au printemps, mais en évitant les périodes de gel.

TAILLER : en lune descendante et si possible associer également la lune décroissante, en évitant bien sûr les périodes négatives (zones rouges et moins (—) p. 72-95).

- Pour les haies venant d'être plantées, on peut faire une exception et tailler en lune montante, si l'on souhaite un développement plus rapide. En effet, taillé en lune montante, le bois se développera plus vite.

PRÉVENTION DES MALADIES : après la taille, il est judicieux de pulvériser du thé de compost aéré sur les haies monospécifiques, car elles sont plus particulièrement sensibles aux maladies (voir fabrication de thé de compost aéré p. 27 et utilisation p. 30). Pulvérisés sur les feuilles, les nombreux micro-organismes présents dans le thé vont protéger la plante des attaques pathogènes, tout en leur apportant un fertilisant.

LES PÉRIODES DE TAILLE

éviter les périodes de gel pour les tailles d'hiver

Haie fleurie : après floraison

Charmille : février/mars
Cyprès : avril/mai – septembre/octobre
Eleagnus : février/mars
Hêtre : février/mars
Laurier : mars/avril – septembre/octobre
Noisetier : janvier/février/début mars
Photinia : février/mars et après floraison
Thuyas : avril/mai – septembre/octobre
Troène : juillet/août (après floraison)

DATES POUR LA TAILLE

La meilleure période pour tailler une haie est la lune descendante, mais durant cette période, certaines dates sont meilleures que d'autres. Pour un résultat optimal, tailler aux dates suivantes :
Février : 6, 7, 8, 9, 10, 11, 13m, 14, 15, 16. **Mars :** 7am, 8, 9, 10, 12, 13am, 14m, 15. **Avril :** 6, 7m, 8, 9, 10, 11. **Mai :** 6, 7am, 8, 9 avant 11h. **Juin** : 4, 5 avant 18h. **Juillet :** 16, 17. **Août :** 12am, 13, 14, 15. **Septembre :** 9, 10m, 11, 12, 13, 14. **Octobre :** 6m, 7, 8, 9, 10m, 11, 12, 13, 14. (m = matin, am = après-midi).

Pelouse - Gazon

Suivant les influences lunaires actives au moment de la tonte du gazon, on constate une différence importante du temps de repousse.
Choisir une bonne date permet donc de tondre moins souvent. De plus, les influences positives permettent également d'améliorer la structure du gazon.

De manière générale, il est préférable de ne pas tondre systématiquement et surtout pas trop tôt au printemps. En effet, les insectes utiles au jardin ont besoin d'espaces naturels pour se développer; de plus, à la sortie de l'hiver, les abeilles ont grand besoin de toutes les fleurs qui poussent naturellement dans les herbes. Pour s'assurer l'aide des animaux et insectes utiles au jardin, il est important de leur consacrer des zones vierges, où ils pourront se développer en toute tranquillité. Les zones semées de fleurs champêtres ou mellifères sont également très appréciées des insectes.

SEMER : en lune décroissante à une date "feuilles" (ou à la rigueur "racines") et si possible en lune descendante.

Dates favorables pour semer du gazon
Septembre : 1*, 2*, 5am, 6, 7, 10am**, 11**, 12 avant 9h**, 29am*, 30m*. **Octobre :** 3am, 4, 5m, 8**, 9 avant 15h**, 12am*, 13*, 14*, 30m, 31.(am = après-midi, m = matin, meilleur avec *)

SCARIFIER ou AÉRER : procéder en lune montante à une date "fleurs".

TONDRE POUR UNE REPOUSSE LENTE : les dates ci-dessous sont favorables à un gazon plus beau et plus épais ainsi qu'à une repousse lente. Le temps de repousse sera différent suivant les couleurs ci-dessous : plus on se dirige vers le vert foncé avec étoiles et plus la repousse sera lente.

assez bon, bon, très bon, ★ plus il y a d'étoiles, plus la date est favorable.

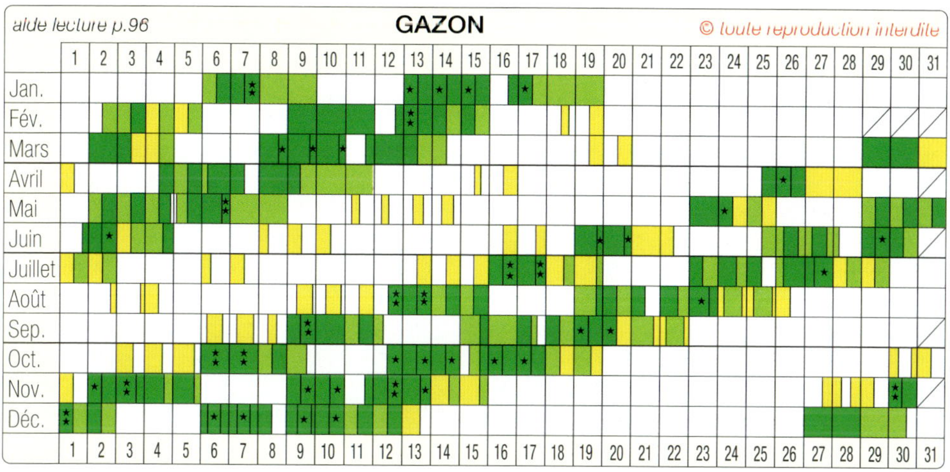

Foins – Prairies

Le moment de la fauche est primordial pour la bonne qualité d'un foin. Pour un séchage et une qualité nutritive optimum, quatre facteurs principaux sont à prendre en compte : la météo, le stade de maturité, les influences lunaires et la hauteur de coupe.

Pendant une période sans soleil, la photosynthèse est peu active, les stomates des herbes seront plus ou moins fermes. Si l'on fauche à ce moment-là, l'évaporation par les feuilles sera donc limitée et le séchage sera ainsi plus lent. À l'inverse, si à la fauche, le soleil est présent depuis un à deux jours, les stomates seront grands ouverts, ce qui accélèrera le séchage. D'autre part, le taux de sucre de la plante augmentant lors d'une période ensoleillée, le foin fauché à ce moment-là sera plus riche en sucres et la transformation en protéines plus importante. Ainsi, le foin se conservera mieux et sera également plus digeste et plus nourrissant. Faucher en laissant environ 7 cm de tiges améliore encore le séchage (mieux surélevé, le foin s'aère et sèche plus rapidement). La légère baisse de rendement due au fait de couper haut sera compensée par une repousse plus rapide.

Attention au séchage du foin dans la 2ème quinzaine de juin, il y aura plus de risques d'échauffement et de fermentation.

QUAND FAUCHER ? Le foin mûrit plus ou moins vite suivant la région et l'altitude. Si le foin que vous coupez est très jeune, choisissez une date "précocité", si au contraire il est arrivé à épiaison, choisissez une date "qualité".

• **Qualité :** les foins seront de meilleure qualité s'ils sont fauchés après épiaison (meilleur rapport sucres/fibres). Surtout s'ils sont fauchés en lune montante et si possible décroissante.

Dates favorables pour faucher (qualité)
Mai : 9am*, 10m**, 10am* 11am*, 12m*, 13, 14, 15am, 16, 18*, 19*. **Juin :** 6*, 7*, 8m*, 8am**, 9m*, 9am, 10, 11, 12, 13m*, 13am, 14*, 15am*, 16m*, 17*. **Juillet :** 3am*, 4*, 5*, 6*, 7m, 7am*, 9, 10, 11*, 12**, 13m*, 14*, 15*. **Août :** 2am*, 3, 4m, 5, 6, 7am*, 8am, 9*, 10*, 11*.
(m = matin, am = après-midi, meilleur avec *)

• **Précocité :** un foin coupé "jeune" sera pauvre en fibres, mais il est possible de rééquilibrer un peu le rapport sucres/fibres en le fauchant l'après-midi en lune descendante et si possible croissante. On peut également équilibrer la ration alimentaire d'un foin "jeune" en le complétant avec un peu de luzerne (très riche en fibres).

Dates favorables pour faucher (précocité)
Avril : 25, 26, 27, 28, 29, 30**. **Mai :** 1*, 2*, 3*, 5, 22 après 16h, 23, 24 après 17h, 25, 26, 27, 28*, 29*, 30**, 31*. **Juin :** 1am, 2, 19, 20, 21, 22, 23am**, 24*, 25*, 26am*, 27*, 29.

• **Repousse :** pour une repousse plus rapide, faucher en lune croissante et montante.

Dates favorables pour faucher (repousse)
Avril : 21*, 22m*, 22am, 23, 24. **Mai :** 20am, 21, 22 avant 16h. **Juin :** 18. **Juillet :** 3m, 30am. **Août :** 1*, 27, 28, 29*, 30m.

• **Refus :** les faucher en lune décroissante et descendante, pour une meilleure intégration dans le sol et une meilleure pâture ensuite.

• **Semer une prairie :** pour une masse végétale plus importante, semer en date "feuilles" avec un maximum d'étoiles ou sinon en date "racines".

• **Herser :** pour **ébouser et étaupiner** herser en lune descendante. Pour **aérer et émousser** la prairie, herser en lune montante.

Céréales

Les influences lunaires en cours au moment du semis sont déterminantes pour le rendement et la qualité de la récolte.

Les céréales semées à une bonne date produisent également une semence de meilleure qualité pour les années suivantes.

SEMER : pour tous les types de céréales, le plus important est de semer à une date "fruits" avec si possible le maximum d'étoiles (voir courbes p.72 à 95).
Les périodes «fruits» favorisent un meilleur développement des grains et donc un meilleur rendement. S'il n'est pas possible de semer à une date «fruits», préférer alors les dates "fleurs", puis les dates "racines". Les dates "feuilles" en revanche, sont déconseillées car elles favorisent le développement des maladies cryptogamiques. Éviter également de semer durant les périodes défavorables (zones rouges et moins des courbes p.72-95) qui freinent le développement de la plante.

SARCLAGE DES CEREALES : pour les céréales pouvant être sarclées, voir le tableau germination p.32. Éviter les dates vertes car elles favorisent la germination. Si possible, sarclez pendant les dates jaunes.

RECOLTER : si le choix de la date de récolte vise avant tout à assurer une meilleure conservation du grain, il est alors préférable de ne pas récolter durant les dates ci-dessous, car elles auront tendance à favoriser la fermentation et les moisissures (mycotoxines), surtout si le taux d'humidité du grain est trop proche de la limite acceptable.

Dates à éviter (dates défavorables à la récolte en vue d'une bonne conservation):
Juin : 3, 4, 5 av. 8h, 11, 12, 13, 20 ap.20h, 21, 22 av.14h, 30am . **Juillet :** 1, 2 av.18h, 8, 9, 10, 18, 19, 28, 29. **Août :** 4 ap.16h, 5, 6, 7 av. 8h, 14, 15, 24, 25, 26 av.13h.
(m= matin, am= après-midi)

RECOLTE POUR SEMENCES : si la récolte est destinée à être utilisée en partie en tant que semences, celles-ci seront de meilleure qualité et produiront un meilleur rendement si elles sont récoltées aux dates suivantes. Si on ne peut pas récolter à une date favorable, éviter au moins les dates défavorables ci-après (dates à éviter), car elles nuisent à la conservation et à la bonne reproduction des graines.

Dates très favorables à une récolte en vue d'une utilisation des semences :
Juin : 5 ap. 8h, 6 av. 18h, 14 ap. 8h, 15, 22am, 23am 24, 25m. **Juillet :** 3, 11 ap. 8h, 12, 20, 21, 22, 30. **Août :** 7am, 8 av. 8h et ap.15h, 16, 17, 18. (m= matin, am= après-midi)

Dates à éviter (dates défavorables à une récolte en vue d'une utilisation des semences) :
Juin : 1, 3, 4, 5 av. 8h, **6 ap. 18h, 7 av. 9h, 11,** 12, 13, 14 av. 8h, **16 am,** 21, **20 ap. 20h,** 21, 22 av. 14h, **23m, 28, 30am. Juillet : 1m,** 1am, 2 av.18h, **4,** 5 av. 8h, **8,** 9, 10, 11 av. 8h, **13 ap. 18h, 18m,** 18am, 19, **25am, 28,** 29, **31. Août : 2 av. 14h, 4 ap. 16h,** 5, 6, **7 m, 14m,** 14am, 15, **21am, 24,** 25, 26 av.13h, **30 ap. 11h.**
(m= matin, am= après-midi) (les dates en gras sont encore plus défavorables)

ASSOCIATION CEREALES-PROTEAGINEUX
grâce à la complémentarité entre espèces, l'association céréales-protéagineux augmentent le rendement tout en améliorant la structure du sol. Les mélanges permettent également de limiter les maladies, de réduire la fertilisation (notamment en azote) et d'augmenter le pouvoir couvrant, ce qui limite les adventices. Le produit récolté est également plus riche en protéines que les céréales pures.

Animaux

L'observation des animaux permet de constater qu'ils sont particulièrement sensibles et réceptifs aux influences lunaires, qui influent sur leur comportement ainsi que leur développement.

Il est donc conseillé de tenir compte de ces influences pour les domaines qui les concernent.

PREMIERE SORTIE DES ANIMAUX : les influences lunaires en cours lors de la première sortie des bêtes au printemps ou de la première sortie de jeunes bêtes conditionnent leur comportement pendant toute la saison. Nous avons constaté lors de premières sorties ayant lieu à des dates favorables, que le troupeau était plus discipliné et qu'il y avait moins de risques de blessures. À l'inverse, nous avons constaté que les premières sorties effectuées lors de mauvaises dates accentuaient le risque d'excitation et de blessures chez les bêtes. Nous avons également constaté que certaines dates pouvaient avoir une influence négative sur la production laitière des bêtes. Pour ces raisons, il nous semble primordial pour une première sortie de privilégier les dates favorables du premier tableau p.51.

RENTRER LE BETAIL : l'étable restera plus sèche et plus saine pendant l'hiver si l'on rentre les animaux aux dates indiquées dans le premier tableau p.51.

DEPLACER LE BETAIL : l'herbe sera moins abîmée et se redressera plus facilement si le déplacement du bétail a lieu aux dates indiquées dans le second tableau p.51.

PARER ET FERRER : il est préférable de parer et ferrer aux dates indiquées dans le second tableau p.51. La corne sera alors moins cassante et plus robuste (il est également préférable de parer par temps calme et humide en évitant les périodes orageuses et les périodes de gel). Posés à ces dates, les fers tiendront plus longtemps.

ACCOUPLEMENT DES LAPINS : meilleurs résultats entre la nouvelle lune et le premier quartier.

TRAITER CONTRE LES VERS : le traitement sera plus efficace en traitant deux à trois jours avant la nouvelle lune ou à la rigueur deux à trois jours avant la pleine lune.

NETTOYER/DESINFECTER LES ETABLES : meilleure efficacité en nettoyant juste avant la pleine lune et en désinfectant juste après la pleine lune. Par ex. le 3 juillet, la pleine lune ayant lieu à 13 h 40, nettoyer le matin et désinfecter l'après-midi.

SAILLIES : pour les vaches et les juments nous observons de meilleurs résultats entre le premier quartier et la pleine lune en signes de Feu ou de Terre et si possible en lune descendante. Pour les brebis : entre le premier quartier et la pleine lune en signes de Terre ou d'Air et si possible en lune montante. Dans tous les cas, éviter les périodes rouges indiquées dans les tableaux p.51.

TARIR/SEVRER : nous observons une meilleure efficacité lorsque la lune est à la fois décroissante et descendante, et si possible pendant la période (t) (voir concordances p.13).

POULES OU POULETS : les œufs ramassés vers le dernier quartier donneront un maximum de poulets. Pour avoir des poulettes, ramasser les œufs vers le premier quartier. Pour un meilleur résultat, faire couver les œufs pour qu'ils éclosent entre la nouvelle lune et le premier quartier.

TONTE DES ANIMAUX : la laine des moutons repoussera moins vite si on les tond lorsque la Lune est à la fois descendante et décroissante. En revanche, elle repoussera plus vite si on les tond lorsque la Lune est à la fois montante et croissante.

• **DATES POUR UNE PREMIERE SORTIE DES ANIMAUX / RENTRER LE BETAIL :**

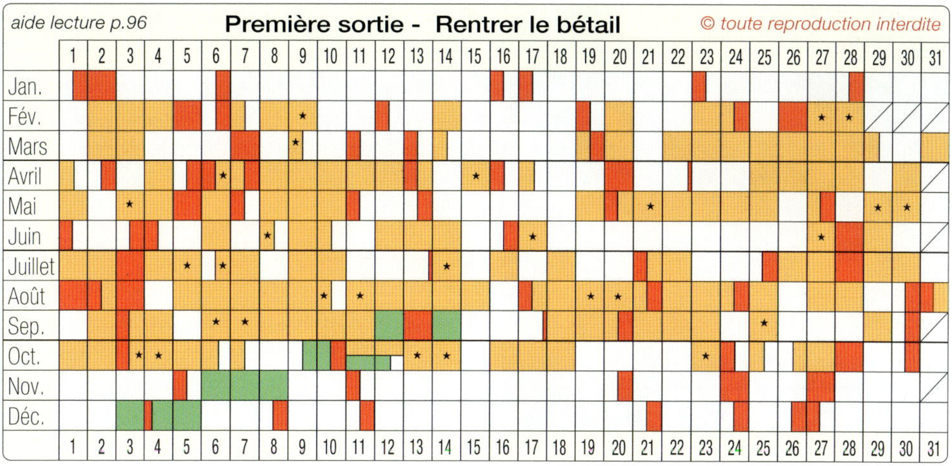

Dates de première sortie : bon, ★ très bon. **Dates pour rentrer le bétail :** bon.
Dates à éviter : .

• **DATES POUR DEPLACER LE BETAIL / PARER ET FERRER LES ANIMAUX :**

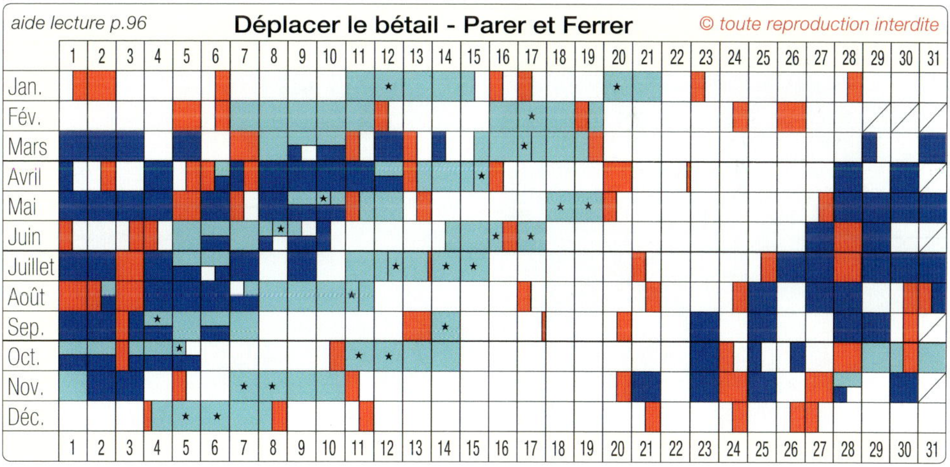

Dates pour parer et ferrer : bon, ★ très bon. **Dates pour déplacer le bétail :** bon.
Dates à éviter : .

DATES A EVITER : certaines conjugaisons lunaires et planétaires étant particulièrement défavorables aux animaux, nous vous conseillons pour toutes les interventions importantes citées sur cette double page, d'éviter de les planifier durant les périodes rouges ( ) indiquées dans les tableaux ci-dessus.

Apiculture

Très sensibles aux influences lunaires, les abeilles rythment naturellement leur vie sur le cycle de la Lune. Leur activité augmente avec la lune croissante pour être au maximum à la pleine lune, période pendant laquelle les essaimages sont par exemple beaucoup plus importants. Si le cycle de la lune croissante et décroissante a bien une influence sur les abeilles, c'est le passage de la Lune devant les constellations qui exerce davantage un rôle sur leur rythme de vie ainsi que sur la qualité du miel lors de la récolte.

À l'ouverture de la ruche, celle-ci s'imprègne des énergies cosmiques du moment, il est donc très important de bien choisir le moment pour intervenir.

La synthèse de nos expériences nous permet d'associer les constellations aux différents types d'intervention suivant le résultat recherché. D'une manière générale, nous préconisons d'intervenir sur les ruches principalement quand la Lune se trouve devant une constellation de feu ou d'air, en prenant cependant garde d'éviter le périgée, les nœuds lunaires ainsi que les constellations d'eau.

Les constellations de FEU : elles favorisent la production de miel ainsi que le développement des reines. C'est un bon moment par exemple, pour ajouter les hausses.

Les constellations d'AIR : elles stimulent le développement du couvain et des reines. C'est une excellente période par exemple, pour démarrer un élevage de reines.

Les constellations de TERRE : elles sont propices à l'instinct bâtisseur, profitez-en pour renouveler les vieux cadres. Le miel récolté à ce moment-là se figera plus vite.

Les constellations d'EAU : elles sont à éviter dans tous les cas, car elles fragilisent l'organisme de la ruche et le miel récolté à ce moment-là risque davantage de fermenter.

Conseil : le miel de printemps (pissenlit, arbres fruitiers, etc.) est celui qui convient le mieux aux abeilles pour l'hivernage. Il est donc préférable de ne pas installer de hausses trop tôt au printemps afin que les abeilles puissent stocker un maximum de ce miel dans le corps de la ruche en prévision de l'hiver.

Bière – Cidre

Boissons vivantes, la bière et le cidre développeront davantage leurs qualités suivant certaines influences lunaires.

Le choix d'une date favorable nous apparait donc essentiel pour les différentes étapes que sont la préparation et la mise en bouteille.

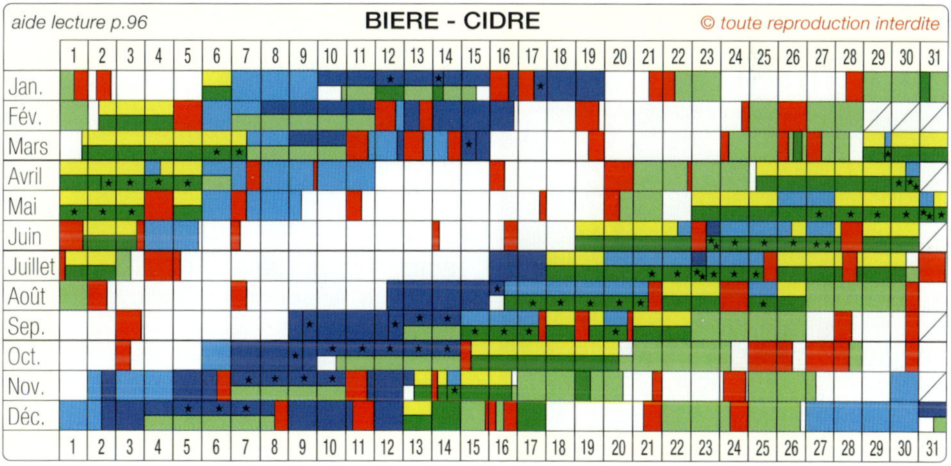

Lancer la fabrication (bière) : bon, très bon, excellent.

Mise en bouteille (bière et cidre) : moyen, bon, très bon, excellent.

Soutirage du cidre : les dates pour la mise en bouteille ci-dessus, sont très favorables au soutirage du cidre pour ralentir davantage la fermentation (en particulier les dates). Soutirer par temps calme et si possible le matin à la rosée, en évitant les périodes rouges.

pour un meilleur développement de la bière et du cidre, il est préférable d'éviter les périodes rouges dans le tableau. Éviter également les temps orageux, les périodes de grands vents et grands froids.

Distillation

Pour une meilleure qualité d'alcool, distiller les **fruits à noyau** en lune décroissante et les **fruits à pépins** en lune croissante, et si possible dans les deux cas, en signes de Terre ou d'Air avec un des aspects suivants ☾ ☌ ✳ △ ☉ (voir p.14-17), en évitant les périodes rouges du tableau ci-dessus.

Viticulture

La Lune exerce une influence sur la vigne, mais également sur les différentes étapes de l'élaboration du vin. En effet, le vin est un produit "vivant" qui ne cesse d'évoluer avec le temps. Il est donc important, même lors de sa mise en bouteille, de tenir compte des influences lunaires afin que sa conservation, ses arômes et ses qualités soient développés au maximum de leurs capacités.

PLANTER (ou remplacer des ceps) **:** pour une meilleure reprise, planter en lune descendante, en évitant les zones rouges et (–) des courbes (p. 72-95). Pour plus de précisions, voir également les conseils de plantation à la page 41.

TAILLER : en lune descendante, si possible lorsque la Lune est décroissante et avec un effet de marée montante (voir p. 19). Éviter les zones rouges et (–) des courbes (p. 72-95).

MALADIES : dans la deuxième quinzaine de juin, certains aspects planétaires favoriseront davantage le développement des maladies cryptogamiques.
En prévention, nous vous conseillons pendant cette période de pulvériser régulièrement de la décoction de Prêle (silice). L'utilisation de thé de compost (p.27 et 30) s'avère également très efficace.

ÉPAMPRER ET ÉBOURGEONNER : en lune décroissante et si possible descendante avec un effet de marée descendante, pour limiter la pousse de nouveaux rejets (voir p. 19).

ÉCIMER ET ROGNER : en lune descendante et si possible avec un effet de marée descendante (voir p. 19).

VENDANGER : le rendement lors du pressage sera meilleur si on vendange en lune montante, mais la conservation du vin sera meilleure si on vendange en lune descendante.
Lorsque cela est possible, vendanger en fonction des constellations (voir p. 13) permet également d'améliorer la qualité du vin et de renforcer son caractère :
- pour un vin fruité : vendanger en "fruits" ;
- pour un vin de terroir : vendanger en "racines" ;
- pour un vin plus floral : vendanger en "fleurs".

Éviter les nœuds lunaires qui peuvent bloquer le développement des arômes.

DÉGUSTER : le vin offrira le meilleur de son potentiel s'il est dégusté en jour "fruits". Les jours "racines" sont également bons, mais surtout pour les vins de terroirs. Les jours "feuilles" sont déconseillés. Éviter les nœuds lunaires et les carrés Lune-Saturne et Soleil (voir p. 14-17). qui tendent à enfermer les arômes du vin.

Viniculture

VINIFICATION - PERIODE A RISQUE : cette année, à priori il n'y a pas de dates néfastes concernant les fermentations pendant la vinification.

SOUTIRAGE : ☐ bon, ☐ très bon.
Afin de ne pas stopper l'activité du vin, soutirer aux dates indiquées, en évitant toutefois les jours d'orage, de grands vents et de grands froids.

MISE EN BOUTEILLE : ☐ assez bon, ☐ bon, ★ très bon, ★ excellent.
Les jours en vert (de préférence vert foncé avec une étoile) sont les meilleurs moments pour mettre en bouteille. La mise en bouteille se fera, si possible, le matin à la rosée, l'humidité dans l'air à ce moment-là étant très favorable au vin. Éviter de mettre en bouteille les jours d'orage, de tempête, de grands vents, de grandes marées, de grand froid et de floraison de la vigne.

☐ les jours rouges sont à éviter car négatifs. ☐ les jours blancs sont à éviter de préférence.

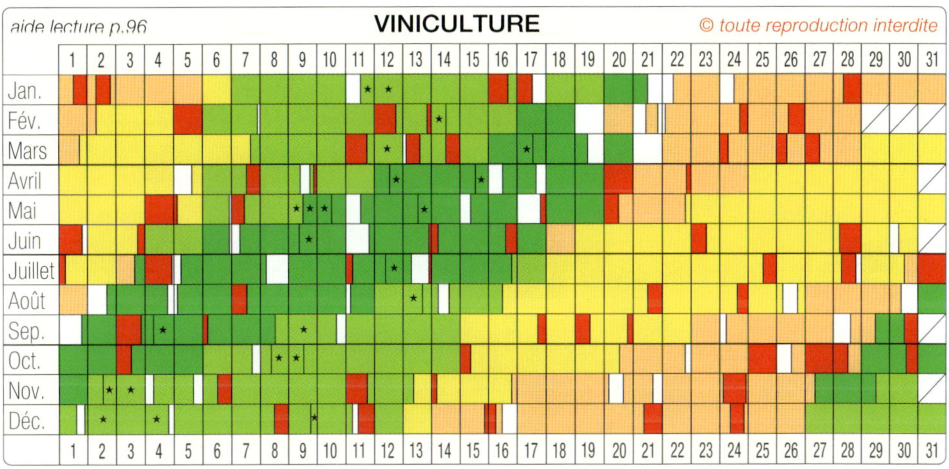

Bois

Le bois est un élément qui reste vivant et le jour de la coupe tout comme le jour de la mise en œuvre sont très importants si l'on veut assurer sa qualité et sa longévité.
La meilleure période pour couper le bois se situe en lune descendante, entre la chute des feuilles et le solstice d'hiver.

BOIS D'ŒUVRE : le bois se comportera différemment suivant les influences lunaires en action lors de la coupe. Couper pendant une des périodes (couleurs) suivantes :

- **Pour éviter les attaques de parasites et la pourriture :** ■, ■, ■, ■.
- **Pour éviter que le bois ne travaille et qu'il n'éclate :** ■, ■ ou mieux ■.
- **Bois de charpente :** ■, ■, ■, ■, ■, ■.
- **Bois pour outils :** ■, ■, ■, ■.
- **Pour les résineux, afin que le bois ne s'écaille pas :** ■, ■.

★ : les qualités du bois seront renforcées.

Dans l'ensemble, la période correspondant à la lettre q dans les courbes est une période favorable à un bois de qualité. La période q correspond aux dernières 24 heures de la période orange ■, par exemple le 3 décembre.

En période de sève : n'ébrancher l'arbre que plusieurs semaines après l'avoir abattu, afin que les feuilles pompent la sève.

MISE EN ŒUVRE : pour que le bois travaille le moins possible (charpente, bardage, etc.), choisir pour la pose les dates correspondant aux périodes grises :

■ bon, ■ très bon, ★ excellent.

■ dates à éviter.

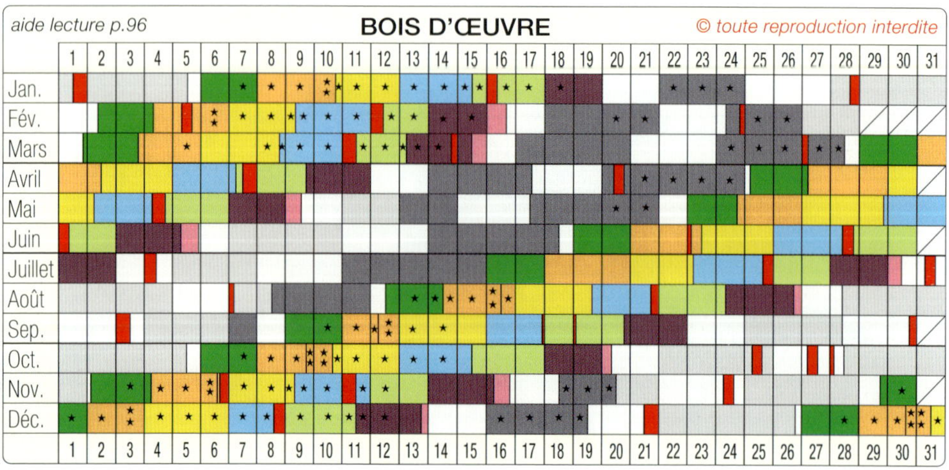

COUPER LE BOIS DE CHAUFFAGE : pour une meilleure qualité, couper en lune descendante, en évitant de préférence le jour de la nouvelle lune (le bois coupé à la nouvelle lune brûle moins facilement).

SÉCHER LE BOIS DE CHAUFFAGE : le moment de la coupe est essentiel, mais nous avons aussi remarqué que le bois séchait mieux s'il était empilé en lune descendante, et surtout lorsque la lune est également entre le premier et le dernier quartier.

PIQUETS : pour qu'ils durent plus longtemps, les piquets doivent être coupés à la nouvelle lune (ou juste avant) et plantés lorsque la Lune est devant la constellation du Lion. Si les piquets sont en bois tendre, il est préférable d'en brûler un peu la pointe pour mieux les protéger.

SAPINS DE NOËL : les couper en lune montante et croissante pour qu'ils conservent plus longtemps leurs aiguilles. Les aspects suivants renforceront cet effet : Lune sextile ou trigone ou carré au Soleil ou à Vénus ☾✶△□☉♀ (voir p. 14).

Divers

MOUSSE SUR TUILES, SALPÊTRE ET MOISISSURE : leur élimination sera plus efficace aux dates indiquées ci-dessous (un vent sec est également favorable à l'élimination). Si vous utilisez des produits pour les éliminer, préférez les produits naturels comme le bicarbonate de soude ou le vinaigre blanc qui s'avèrent moins nocifs pour l'environnement.

Dates les plus favorables à l'élimination des mousses, salpêtres et moisissures
Janvier : 1m*, 1am**, 2*, 3, 4, 5m, 23, 28m*, 28am***, 29*, 30, 31. **Février :** 24m, 24am**, 25*, 26 (av. 17h)**, 27, 28 . **Mars :** 24*, 25*, 26, 27m*, 27am, 28m. **Avril :** 21am*, 22m*, 22am, 23, 24. **Mai :** 21. **Juillet :** 3m, 30*, 31**. **Août :** 1, 26am, 27*, 28m*, 28am, 29, 30 (av. 16h). **Septembre :** 23*, 24*, 25, 26 . **Octobre :** 20*, 21*, 22, 23, 24 (av. 10h), 28*. **Novembre :** 16*, 17*, 18m*, 18am, 19, 20m, 25*, 26*. **Décembre :** 14am*, 15*, 16m, 16am*, 17, 22*, 23*, 24*, 25, 26m.
(m = matin, am = après-midi, meilleur avec *).

SOURCES : pour les capter, commencer le travail le jour de la nouvelle lune et de préférence en lune montante (en lune descendante, l'eau a tendance à se perdre).

CARÉNAGE DES BATEAUX : peindre les bateaux en lune décroissante en période *a*, *b*, *c*, i, j, k. Les aspects suivants sont un plus : Lune sextile ou trigone Soleil ☾✶△☉ et Lune conjointe Jupiter ☾☌♃. Éviter les nœuds et Lune carré Soleil ☾□☉ Remettre les bateaux à l'eau en lune décroissante, si possible entre le dernier quartier et la nouvelle lune, lorsque la lune se trouve dans un signe de terre ou d'air.

FOSSÉS : creusés aux environs de la pleine lune, ils dureront plus longtemps. En lune montante ils auront tendance à se refermer plus vite, surtout en terre légère. En lune descendante, ils auront tendance à se creuser et à s'enfoncer légèrement, mais la tenue sera meilleure. Il est donc préférable de les réaliser aux environs de la pleine lune et en lune descendante. →

Dates favorables pour creuser un fossé
Janvier : 6m, 6am*, 7. **Février :** 4*, 5**, 6*. **Mars :** 5am*, 6**, 7**, 8m*. **Avril :** 4*, 5**, 6*. **Mai :** 4*, 5m**, 5am*, 6. **Juin :** 2, 3**, 4*. **Juillet :** 1am*, 2*, 3m*, 3am. **Août :** 1m, 1am*, 2m, 30m, 30am*, 31. **Septembre :** 28am, 29m*, 29am. **Octobre :** 28m, 28am*, 29m. **Novembre :** 26am, 27m*, 27am. **Décembre :** 26m, 26am*, 27.
(m = matin/ am = après-midi/ meilleur avec *)

CHEMINS ET COURS : pour une meilleure tenue dans le temps, il est préférable de les aménager aux dates suivantes :

Chemins et cours – dates favorables
Mars : 5*. **Avril :** 1am*, 2m*, 29*. **Mai :** 26*. **Juin :** 1m*, 22am*, 23m*, 28*. **Juillet :** 20*, 25am. **Août :** 16am, 21am. **Septembre :** 17am.

DRAINAGE AGRICOLE : les drains auront tendance à moins se boucher si le drainage est réalisé en lune montante.

NETTOYAGE : et travaux d'entretien seront plus efficaces en lune décroissante.

CONFITURES & CONSERVES : leur conservation sera meilleure si elles sont réalisées en lune décroissante (surtout pour les confitures peu sucrées).

VÊTEMENTS : les stocker quand la Lune est conjointe à Vénus ☾☌♀ (voir p. 14-17).

CHEMINÉE – RAMONER : la suie se détachera mieux si la cheminée est ramonée entre la nouvelle lune et le premier quartier, si possible lorsqu'elle se trouve devant la constellation des Poissons ou de la Vierge.

Ramonage – dates favorables
Juin : 25am. **Juillet :** 23, 24, 25m **Août :** 19, 20, 21m, 22. **Septembre :** 15, 16, 17m, 18. **Octobre :** 15am.

CHEMINÉE – ALLUMER : pour un meilleur tirage à l'automne, allumer le chauffage en lune montante, un jour "fruits", et si possible entre la pleine lune et le dernier quartier. Par exemple le 24 septembre ou le 1er ou le 21 octobre

CHAMPIGNONS : ils sortent surtout quelques jours après la nouvelle lune. Il y en a davantage en lune croissante.

PAIN AU LEVAIN : en lune montante vous obtiendrez un pain bien levé et plus savoureux. Dans le cas de la lune descendante, l'associer à la lune croissante. Éviter les périodes rouges et moins (–), ainsi que les périodes **f**, *o*, **w**, (voir courbes p. 72-95).

CHOUCROUTE : pour une meilleure choucroute, il est préférable de récolter les choux et de la réaliser en lune montante (éviter les périodes néfastes indiquées dans : pain au levain)

Choucroute – dates favorables
Septembre : 4*, 5, 6am, 7, 23, 24, 25, 26. **Octobre :** 1, 2, 3am, 4, 5m, 21, 22, 23, 24 av. 10h, 29, 30m, 31. **Novembre :** 1, 17*, 18 av. 10h**, 18 ap. 10h*, 19*, 25, 26, 27am, 28. **Décembre :** 14*, 15 av. 16h*, 17**, 22, 23, 24 av. 10h, 25, 26m .

SÈVE DE BOULEAU : pour une récolte plus abondante, il est préférable de la démarrer en lune montante (et si possible croissante), en évitant les nœuds et la période **f** qui apporte plus de risques de fermentation. Il est important de limiter la récolte à quelques litres seulement afin de ne pas nuire à la santé de l'arbre et de ne pas récolter sur des arbres trop jeunes. Plus d'infos sur : calendrier-lunaire.fr

VIVRE AVEC LA LUNE

Suivant notre sensibilité, nous ressentons plus ou moins les influences lunaires. Mais même si le rythme effréné de nos vies modernes peut estomper notre perception, l'influence de la Lune sur le corps humain n'en reste pas moins une réalité.

Diminution du taux de mélatonine dans le corps développant une tendance à l'insomnie lors de la pleine lune, repousse plus lente des poils épilés en lune descendante, vitalité accrue pour les cheveux coupés aux bonnes dates, renforcement des ongles, récupération plus rapide lors d'interventions dentaires ou chirurgicales...

Influences des phases lunaires

Certains effets de la pleine lune et de la nouvelle lune ne se limitent pas forcément à la journée même, mais peuvent se faire sentir sur deux ou trois jours. En effet, la configuration cosmique en cours lors de la pleine lune ou de la nouvelle lune peut amplifier ou diminuer leurs effets. La pleine lune et la nouvelle lune peuvent donc avoir des influences différentes d'un cycle à l'autre.

NOUVELLE LUNE : *(la lune se trouve entre la Terre et le Soleil, sa surface lumineuse n'est pas visible depuis la Terre).* Période de renouveau, énergie spécifique de l'instinct et de la spontanéité.

- Bonne période pour penser à un projet.
- C'est un excellent jour pour jeûner, la détoxication sera à son maximum ce jour-là.
- La nouvelle lune est propice pour commencer à éliminer une mauvaise habitude de vie.
- Pendant la nouvelle lune, l'énergie physique se renouvelle plus lentement.

LUNE CROISSANTE : *(il s'agit de la période entre la nouvelle lune et la pleine lune. Chaque jour la surface lumineuse de la Lune augmente).* Période de création, énergie spécifique de la création et de la subjectivité.

- Bonne période pour développer un projet.
- Période où l'on s'extériorise plus facilement.
- C'est le bon moment pour apprendre des choses nouvelles.
- Pendant cette période, le corps tire parti au maximum de ce qu'il reçoit pour son développement. C'est une bonne période pour prendre des compléments alimentaires
- Si l'on a tendance à grossir, c'est une période où il faut se surveiller.

PLEINE LUNE : *(la Lune se trouve à l'opposé du Soleil par rapport à la Terre, sa surface lumineuse est visible dans sa totalité).* Période d'accomplissement, énergie spécifique de la conscience et de la réflexion.

- Bonne période pour concrétiser un projet.
- L'énergie physique se renouvelle plus vite.
- "L'ensoleillement" de la nuit favorise la veille, période favorisant les insomnies.
- Le trop-plein d'agitation et d'excitation provoqué par la pleine lune peut être canalisé dans des activités physiques.
- Période favorable à la méditation.

LUNE DÉCROISSANTE : *(il s'agit de la période entre la pleine lune et la nouvelle lune. Chaque jour la surface lumineuse de la Lune diminue).*Période de finalisation, énergie spécifique de la réalisation et de l'objectivité.

- Bonne période pour finaliser un projet et le faire connaître.
- Période favorable à la transmission d'idées.
- Choisir cette période pour commencer une action qui aura tendance à soulager ou à désintoxiquer un organe, l'élimination étant plus efficace à ce moment-là.
- Période favorisant l'intériorisation et la réflexion.

Élimination des toxines par les plantes

Les cures à base de plantes ou de produits naturels s'avèrent efficaces pour éliminer les toxines du corps. Les changements de saisons (surtout au printemps) sont très favorables à ce type de cure, dont la durée idéale est généralement de 3 semaines.

• **Nettoyage du foie :** pour stimuler davantage le travail d'élimination par le foie, il est préférable de commencer la cure quand la Lune se trouve dans le signe de la Vierge. Plantes favorables : radis noir, chardon-Marie, artichaut, chrysanthellum, pissenlit, desmodium, romarin, boldo…

• **Nettoyage des reins :** pour stimuler davantage le travail d'élimination par les reins, il est préférable de commencer la cure quand la Lune se trouve dans le signe de la Balance. Plantes favorables : persil, ortie, prêle, radicelle de poireau, frêne, aubier de tilleul…

La lune décroissante ainsi que les aspects Lune sextile ou trigone Soleil ☾⚹△☉(voir p. 14-17) renforcent également l'efficacité de l'élimination.

Jeûne

Le jeûne est une pratique très bénéfique pour la plupart d'entre nous. Cependant avant de débuter un premier jeûne, nous vous conseillons d'avoir l'assentiment de votre thérapeute et pour les jeûnes longs la nécessité d'un suivi médical s'impose.

Meilleure période pour jeûner : la nouvelle lune est le meilleur moment pour effectuer un jeûne d'une journée. Lors de cette journée, le nettoyage du corps sera plus efficace. Ce jour est également bon pour démarrer un jeûne n'excédant par une semaine.
En revanche, pour un jeûne plus long, il est préférable de commencer en lune décroissante et si possible lorsque la Lune se trouve en sextile au Soleil ☾⚹☉ (voir p. 14-17).

Massages

Quand la Lune passe dans un signe du zodiaque, la partie du corps correspondante est "activée" (voir le tableau des correspondances p. 69). Si une action de type massage est effectuée sur la partie du corps correspondant au signe dans lequel se trouve la Lune au même moment, alors l'effet de cette action sera renforcé.

Massage énergisant : pour optimiser l'effet énergisant d'un massage, préférer la lune croissante et si possible montante (les périodes **a, c, i, k** étant les plus favorables).

Massage relaxant : pour optimiser l'effet relaxant d'un massage, préférer la lune décroissante et si possible descendante (les périodes **r, t** étant les plus favorables).

Cheveux

Les aspects lunaires et planétaires ont une forte répercussion sur la vitalité et la croissance des cheveux si on les coupe au bon moment. En privilégiant les coupes lors de dates favorables, il est possible d'améliorer l'état général de sa chevelure et d'obtenir des cheveux plus beaux et plus solides.

De façon générale et même si vous n'avez pas de problèmes capillaires particuliers, nous vous conseillons de vous couper les cheveux aux dates vertes et jaunes du premier tableau. Ces dates sont en effet, très favorables aux cheveux, surtout les dates avec étoiles.

Coupe de cheveux : épaisseur, vitalité, chute

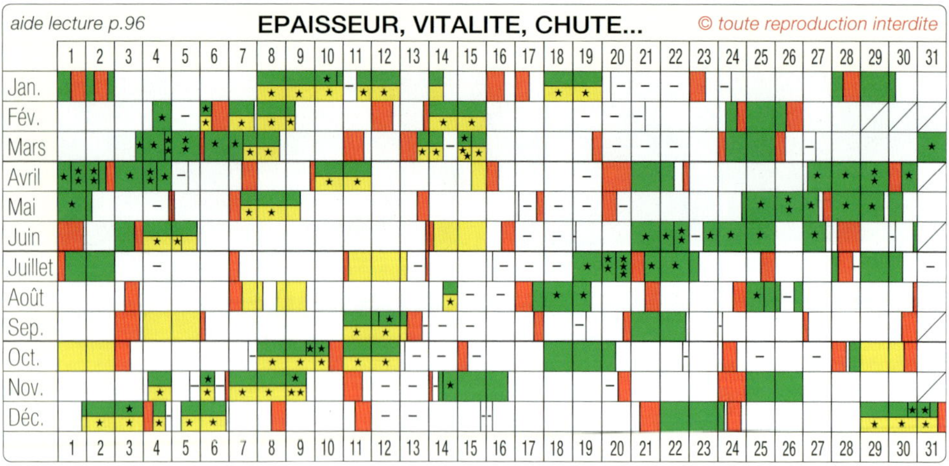

épaisseur/vitalité : dates pour obtenir des cheveux plus épais et plus solides.

chute : dates favorables à la coupe des cheveux pour ralentir leur chute.

défavorable : dates négatives, à éviter.

– **déconseillé** : dates à éviter de préférence.

★ **favorable** : plus il y a d'étoiles, plus l'effet sera favorable.

les traits verticaux délimitent une partie de la journée (exemple : vert (chute) = matin et blanc (neutre) = après-midi).

les jours partagés horizontalement sont favorables aux deux couleurs.

MASQUE : les masques pour cheveux auront une meilleure efficacité s'ils sont appliqués en lune croissante et montante, pendant un signe de terre ou d'air (voir courbes p. 72-95)

Cheveux : fourches, repousse, couleur, permanente

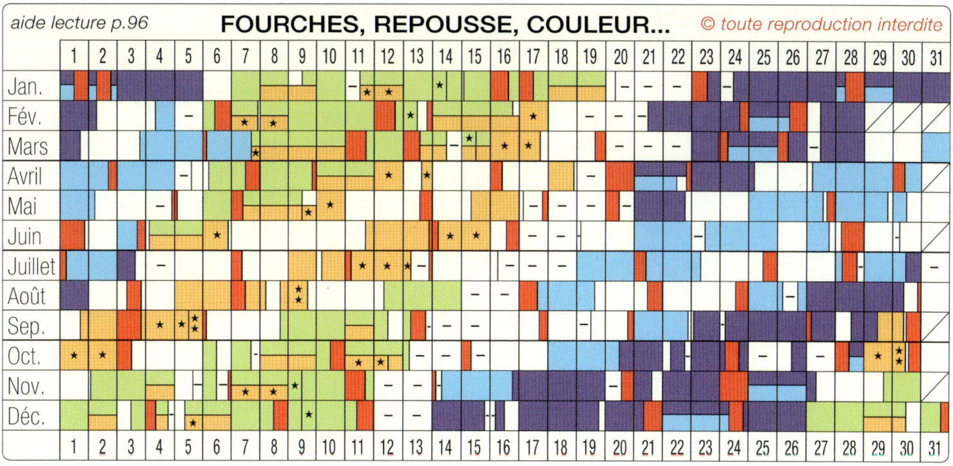

repousse lente + fourches : dates favorables à la coupe des cheveux pour qu'ils repoussent moins vite et également pour éviter qu'ils ne fourchent.

repousse rapide + couleur : dates favorables à la coupe des cheveux pour qu'ils repoussent plus vite et également pour une teinte plus belle qui ne coule pas.

permanente : dates favorables à une permanente qui abîme moins les cheveux.

faciles à coiffer : dates favorables à la coupe pour des cheveux plus faciles à coiffer.

★ **favorable** : plus il y a d'étoiles, plus l'effet sera favorable.

défavorable : dates négatives, à éviter.

déconseillé : dates à éviter de préférence.

les traits verticaux délimitent une partie de la journée (exemple : orange (permanente) = matin et blanc (neutre) = après-midi).

les jours partagés horizontalement sont favorables aux deux couleurs.

Les cheveux de bébé...

Nous pensons que la toute première coupe a une incidence particulière sur la vitalité future des cheveux. Pour des conditions optimales lors de la première coupe de cheveux de bébé, nous vous conseillons les dates suivantes :

Janvier : 10 avant 16h. **Février :** 6 avant 11h. **Mars :** 5*. **Avril :** 1am*, 2m*, 29*. **Mai :** 26*. **Juin :** 22am*. **Juillet :** 20m**, 20am***. **Septembre :** 12 après 9h. **Octobre :** 9 après 15h, 10m. **Novembre :** 6m. **Décembre :** 3. *(m = matin, am = après-midi, meilleur avec *)*

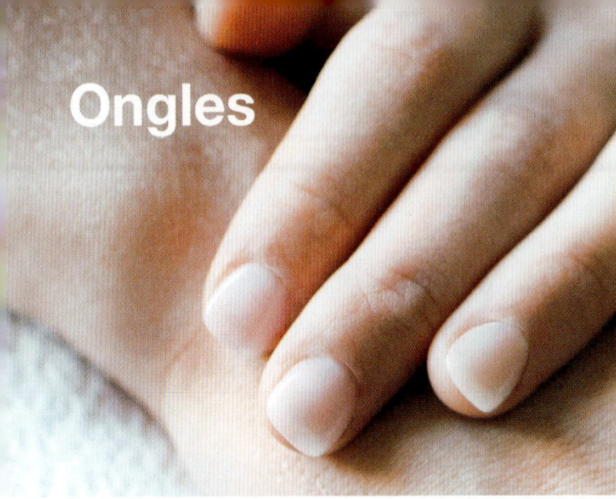

Ongles

Se couper les ongles suivant certaines influences lunaires permet de les stimuler et de les renforcer.
Pour des ongles plus solides, moins cassants, mais également pour limiter le risque d'ongles incarnés, nous vous conseillons de les couper aux dates suivantes.

Meilleurs jours pour la coupe des ongles :

- ■ (rouge) pour des ongles plus solides et moins cassants.
- ■ (bleu) pour limiter le risque d'ongles incarnés.
- ■ (rouge/bleu) jours favorables aux deux couleurs.
- ★ plus il y a d'étoiles, plus le jour est favorable.

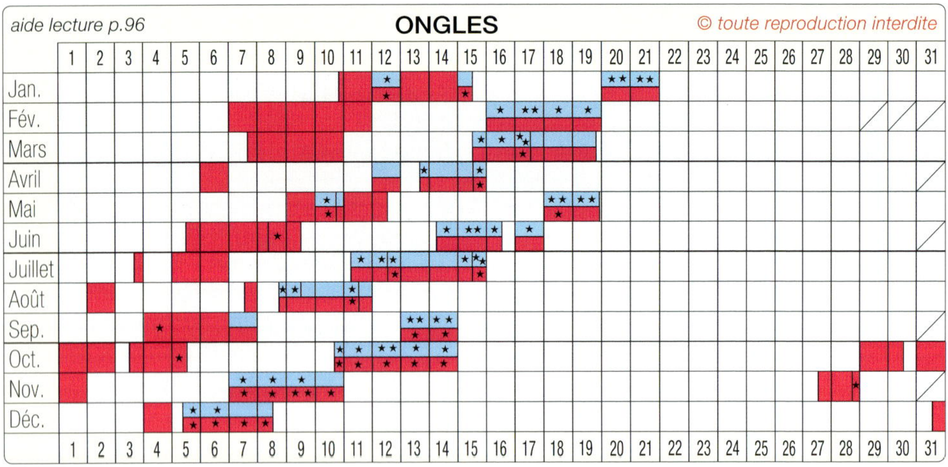

Cors et durillons

Les extraire en lune décroissante, pendant le signe du Capricorne ou du Taureau. Dans une moindre mesure en lune croissante, pendant le signe de la Vierge ou de la Balance.

Verrues

Pour une élimination avec le suc de plantes comme la chélidoine, le souci ou le figuier : commencer le traitement en lune décroissante plutôt pendant le dernier quartier et si possible pendant les périodes k ou q, (voir courbes p. 72-95).

Vers

Pour plus d'efficacité, traiter contre les vers deux à trois jours avant la nouvelle lune ou à la rigueur deux à trois jours avant la pleine lune. Certains produits naturels s'avèrent efficaces contre les vers: ail, armoise, brou de noix, tanaisie, clous de girofle, graines de courges, etc.

Épilation

L'activité cellulaire de notre système pileux est plus ou moins forte suivant les différentes phases lunaires. Ainsi, certaines dates vont favoriser la repousse du poil alors que d'autres la freineront. Pour ralentir au maximum la repousse des poils, nous vous conseillons d'effectuer l'épilation aux dates suivantes :

Meilleurs jours pour une épilation qui retarde la repousse des poils :

moyen, assez bon, bon, très bon, ★ excellent,

s'il n'y a qu'une partie de la journée concernée, elle est délimitée par un trait vertical.

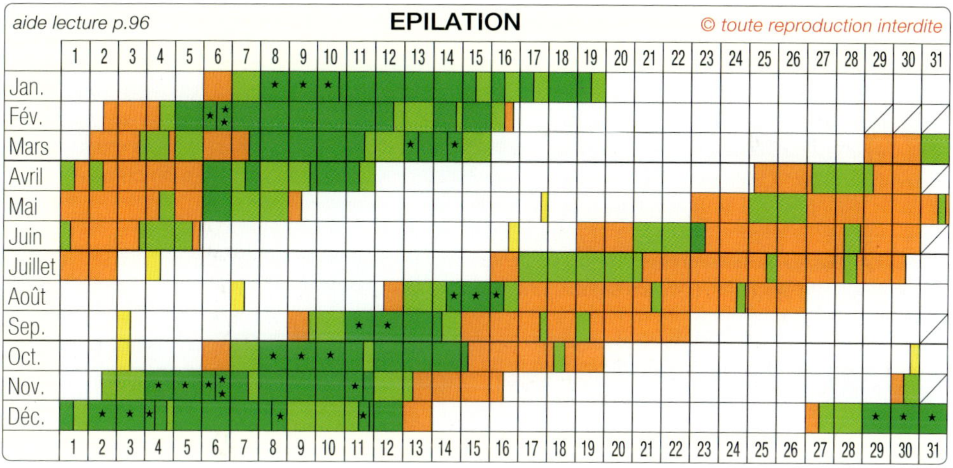

Soins de la peau

NETTOYER LA PEAU : (comédons, impuretés…) l'intervention sera mieux supportée si elle est faite lorsque la Lune est descendante et en aspect avec Vénus ☾ ☌ ✶ □ △ ♀ (voir p. 14-17).

NOURRIR LA PEAU : pour les masques, les soins hydratants, les apports revitalisants… le moment d'application doit être choisi en fonction du type de peau.

• **Peau à tendance sèche et mixte :** meilleure efficacité en lune croissante, en évitant les signes suivants : Bélier, Cancer et Capricorne.

• **Peau à tendance grasse :** en lune décroissante, quand la Lune est en trigone et surtout en sextile au Soleil ☾ ✶ △ ☉ (voir p. 14-17), l'absorption des produits est un peu réduite, mais l'efficacité pour assainir la peau est beaucoup plus grande. Cette action en lune décroissante permet également d'éviter la dilatation des pores, pour une peau plus fine et plus ferme.

Si la peau est humidifiée avec de la rosée avant de mettre une crème, son effet en sera renforcé. La rosée est également un bienfait pour la santé si l'on y marche pieds nus.

Alimentation

La période de lune croissante favorise une meilleure assimilation des aliments, c'est une bonne période pour démarrer une cure de compléments alimentaires par exemple.

La digestion demandera moins d'énergie en période de lune croissante et montante.

QUELLE EAU BOIRE ? Si l'eau permet avant tout un bon fonctionnement de l'organisme dans son ensemble, elle permet également l'évacuation des toxines accumulées dans le corps. Lors de son évacuation, l'eau se charge telle une éponge de différents déchets et contribue ainsi à nettoyer l'organisme. Mais ce travail de nettoyage dépend directement de la qualité de l'eau consommée, car plus elle sera «pure» et plus elle pourra évacuer de toxines. En revanche, si l'eau consommée est déjà surchargée en polluants ou en minéraux, elle ne pourra assurer son rôle de nettoyage.

Selon la bio-électronique, l'eau idéale devrait présenter un pH (concentration en protons) entre 6 et 7, un rH2 (concentration en électrons) entre 25 et 28 et une résistivité (concentration en minéraux) supérieure à 6000 ohms, soit contenir moins de 120mg/l de résidus à sec (l'idéal étant entre 20 et 50mg/l). Surchargées en minéraux, les eaux minérales sont déconseillées pour une consommation régulière, en revanche certaines eaux de source répondent aux critères précédents. Mais pour éviter la forte pollution engendrée par les bouteilles en plastique, il est préférable de consommer l'eau du robinet à condition de la purifier. En effet, bien que potable, l'eau du réseau n'en est pas moins chargée de différents résidus de pesticides, médicaments, chlore et autres polluants. Il est donc conseillé de la filtrer avec un osmoseur grâce à la technique d'osmose inverse qui reste la meilleure solution de filtration.

Les différentes analyses effectuées en bio-électronique, démontrent également qu'une eau en mouvement subit une baisse de ses potentiels lorsqu'elle devient stagnante ou qu'elle passe dans des conduites. D'autre part, le stockage de l'eau ou sa mise sous pression dans le réseau favorise l'agglomération des molécules d'eau. Ces dernières perdent ainsi une partie de leur pouvoir hydratant, car les agglomérats de molécules limitent la pénétration des molécules d'eau dans les cellules du corps. L'eau en bouteille ou l'eau du réseau devrait donc être revitalisée afin de retrouver sa structure initiale. La dynamisation de l'eau en créant un vortex (tourbillon) permet de l'oxygéner tout en séparant lesmolécules. Revitalisée, l'eau retrouve ainsi tout son pouvoir
hydratant et les qualités d'une eau pure sortant d'une source.

• **Les graines germées, véritable condensé de vie :** une graine contient en elle tout ce qui est nécessaire à son développement, mais c'est en germant qu'elle révèle tout son potentiel nutritif. Grâce au processus de germination, les graines germées sont parfaitement assimilables par l'organisme. Extrêmement riches en vitamines, enzymes et autres éléments minéraux, les graines germées ont toutes les caractéristiques de l'aliment vivant idéal.

• **Les produits lacto-fermentés :** excellente méthode de conservation, le procédé de lacto-fermentation a l'avantage d'enrichir la qualité nutritionnelle des aliments. Il développe également des probiotiques qui facilitent et améliorent la digestion.

Dents

Certains aspects lunaires et planétaires sont favorables ou au contraire défavorables aux interventions dentaires. Le tableau ci-dessous propose la synthèse de tous ces aspects. En choisissant les bonnes dates, nous permettons une meilleure réaction et récupération à notre organisme.

- dates favorables pour extraire et dévitaliser les dents (mâchoire inférieure et supérieure).
- dates favorables pour extraire et dévitaliser les dents de la mâchoire supérieure uniquement.
- dates favorables aux implants et aux couronnes.
- ★ plus il y a d'étoiles, plus l'effet sera favorable.
- dates défavorables, à éviter dans tous les cas.
- – dates déconseillées.
- un trait vertical délimite une partie de la journée (ex. : matin favorable pour extraire les dents – après-midi neutre).
- les jours partagés horizontalement sont favorables aux deux couleurs.

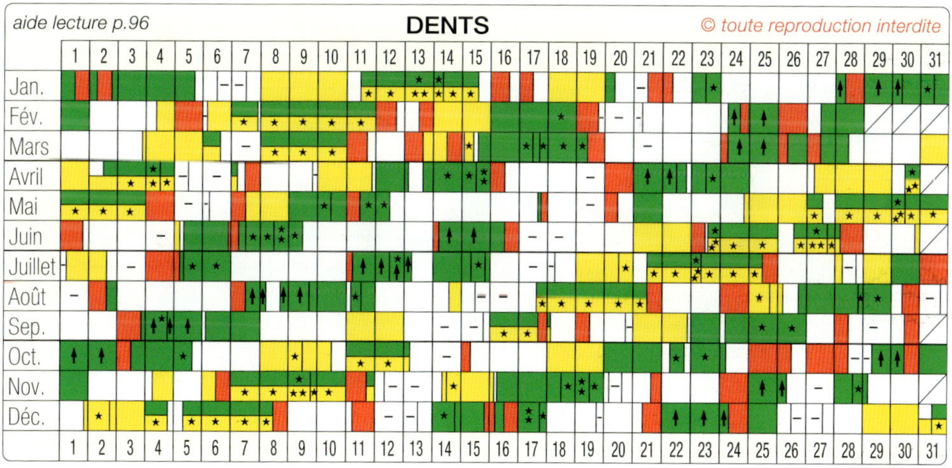

Dépose d'amalgame dentaire : pour effectuer la dépose d'un amalgame dentaire, choisir une date en lune décroissante (de préférence entre le dernier quartier et la nouvelle lune) en évitant les zones rouges et (—) du tableau ci-dessus. Dans la mesure du possible, associer également cette date à la lune descendante et éviter les périodes des signes de feu.

Obturation : effectuée lors d'une date à deux couleurs, l'obturation tiendra plus longtemps.

Détartrage : effectué entre le dernier quartier et la nouvelle lune, en signe de terre ou d'air le détartrage sera plus efficace. Éviter les périodes rouges et (—) du tableau.

Interventions chirurgicales

La Lune fait partie des paramètres favorisant le rétablissement après une intervention chirurgicale. Pour le reste, le médecin est seul juge, les prescriptions médicales étant prédominantes. **Les conseils qui suivent s'appliquent donc uniquement aux opérations n'ayant pas un caractère d'urgence.**

La réceptivité aux influences lunaires est variable selon chaque individu. On sait par exemple que, les nuits de pleine lune, certains ont le sommeil perturbé alors que d'autres non. Il en va de même pour les opérations chirurgicales, tout le monde ne réagira pas de la même manière, mais de façon générale, le corps récupérera plus rapidement si l'opération est planifiée lors d'une bonne date.

Afin d'obtenir une meilleure cicatrisation et une récupération plus rapide, et si bien sûr l'opération n'a pas un caractère d'urgence, planifiez-la lors d'une des dates suivantes :

bon, très bon, ★ excellent.

dans la mesure du possible, et si bien sûr l'opération n'a pas un caractère d'urgence, il est préférable d'éviter de planifier une opération aux dates oranges du tableau ci-dessous. En effet, ces dates ont un caractère pouvant freiner la cicatrisation et la récupération.

Un trait vertical délimite une partie de la journée (voir p.96).

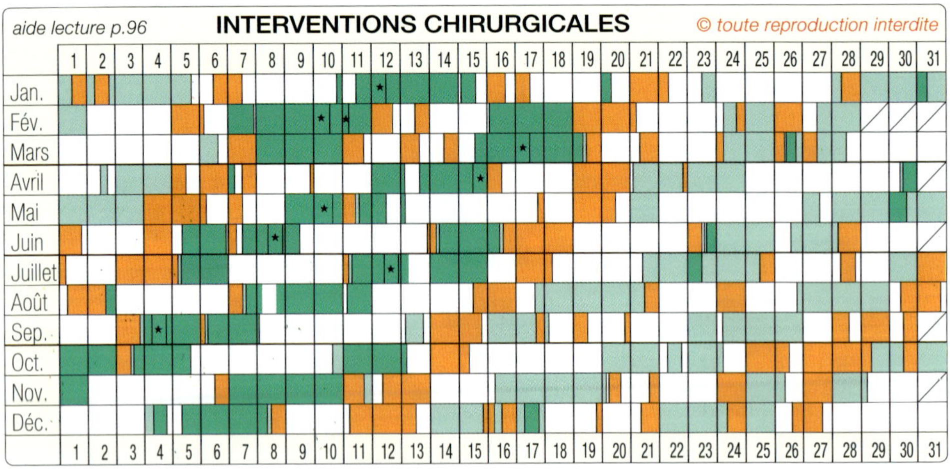

Comme indiqué page 69, chaque signe du zodiaque correspond à une partie du corps. Quand la Lune passe dans un signe, elle stimule la partie du corps qui lui correspond. Alors que cette stimulation s'avère bénéfique pour certains soins (voir "Massages" p.61), elle peut être source de perturbation en cas d'intervention chirurgicale. Il est donc conseillé de choisir une date dans un signe différent de celui qui correspond à la zone opérée. Pour une opération sans caractère d'urgence, vérifier d'abord à quel signe correspond la partie du corps concernée (ex: épaule = Gémeaux, voir p.69). Puis, dans le tableau ci-dessus, sélectionner une date verte et vérifier qu'elle ne tombe pas dans le signe concerné (voir la ligne des signes dans les courbes p.72 à 95).

Attention, il ne s'agit pas ici de votre signe astrologique mais bien du signe en relation avec la partie du corps concernée (voir p.69).

Tableau des correspondances entre les signes du zodiaque et les différentes parties du corps.

Il est préférable, dans la mesure du possible, d'éviter une intervention chirurgicale lorsque la Lune passe dans le signe (voir courbes p. 72-95) qui correspond à la partie concernée (voir ci-dessous).

Par exemple, le 10 mai est une très bonne date pour planifier une opération (voir tableau p. 68). Cependant, cette date se trouvant dans le signe du Capricorne, il est préférable d'éviter une opération sur les zones du corps indiquées dans ce signe (voir ci-dessous) comme par exemple sur le genou.

♈ **BÉLIER :** le crâne, le cerveau, la mâchoire supérieure, le visage, les muscles de la face, les yeux.

♉ **TAUREAU :** la gorge, le cou, les lèvres, le palais, le larynx, les amygdales, la langue, les oreilles, le cervelet, les vertèbres cervicales, la thyroïde, la mâchoire inférieure (mandibule).

♊ **GÉMEAUX :** les membres supérieurs, les mains, les poumons, les bronches, les voies respiratoires, le système nerveux, les capillaires (vaisseaux sanguins).

♋ **CANCER :** l'œsophage, l'estomac, les côtes, le sternum, le diaphragme, le foie (lobe gauche), le pancréas, les seins.

♌ **LION :** le cœur, le plexus solaire, l'aorte, les vertèbres dorsales, la moelle épinière.

♍ **VIERGE :** la région abdominale, la rate, le foie (lobe droit), le duodénum, l'intestin grêle, le gros intestin.

♎ **BALANCE :** les reins, les surrénales, les uretères, la région lombaire, la peau.

♏ **SCORPION :** la vessie, l'urètre, les organes génitaux, la prostate, le côlon descendant, le rectum, le nez, le pubis.

♐ **SAGITTAIRE :** les hanches, le bassin, le coccyx, le sacrum, les fémurs, les os iliaques, les ischions, le nerf sciatique, l'artère fémorale, la veine saphène, le système musculaire.

♑ **CAPRICORNE :** les genoux, les rotules, les ménisques, la peau, les ongles, les cheveux, les os en général.

♒ **VERSEAU :** la jambe, le tibia, le péroné, la cheville, le tendon d'Achille.

♓ **POISSONS :** les pieds, les orteils, la circulation lymphatique.

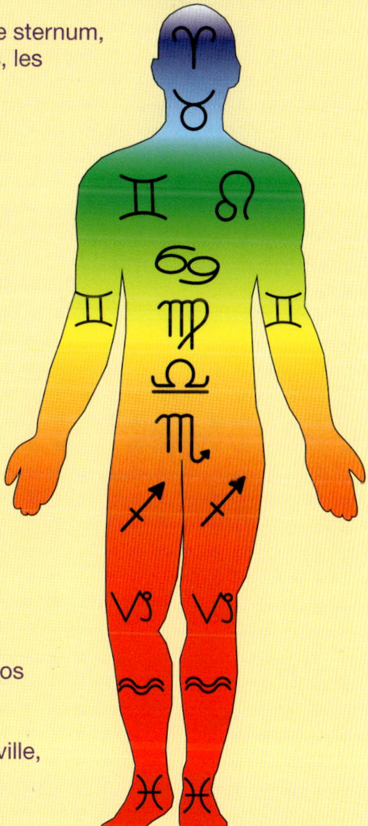

Comprendre les courbes...

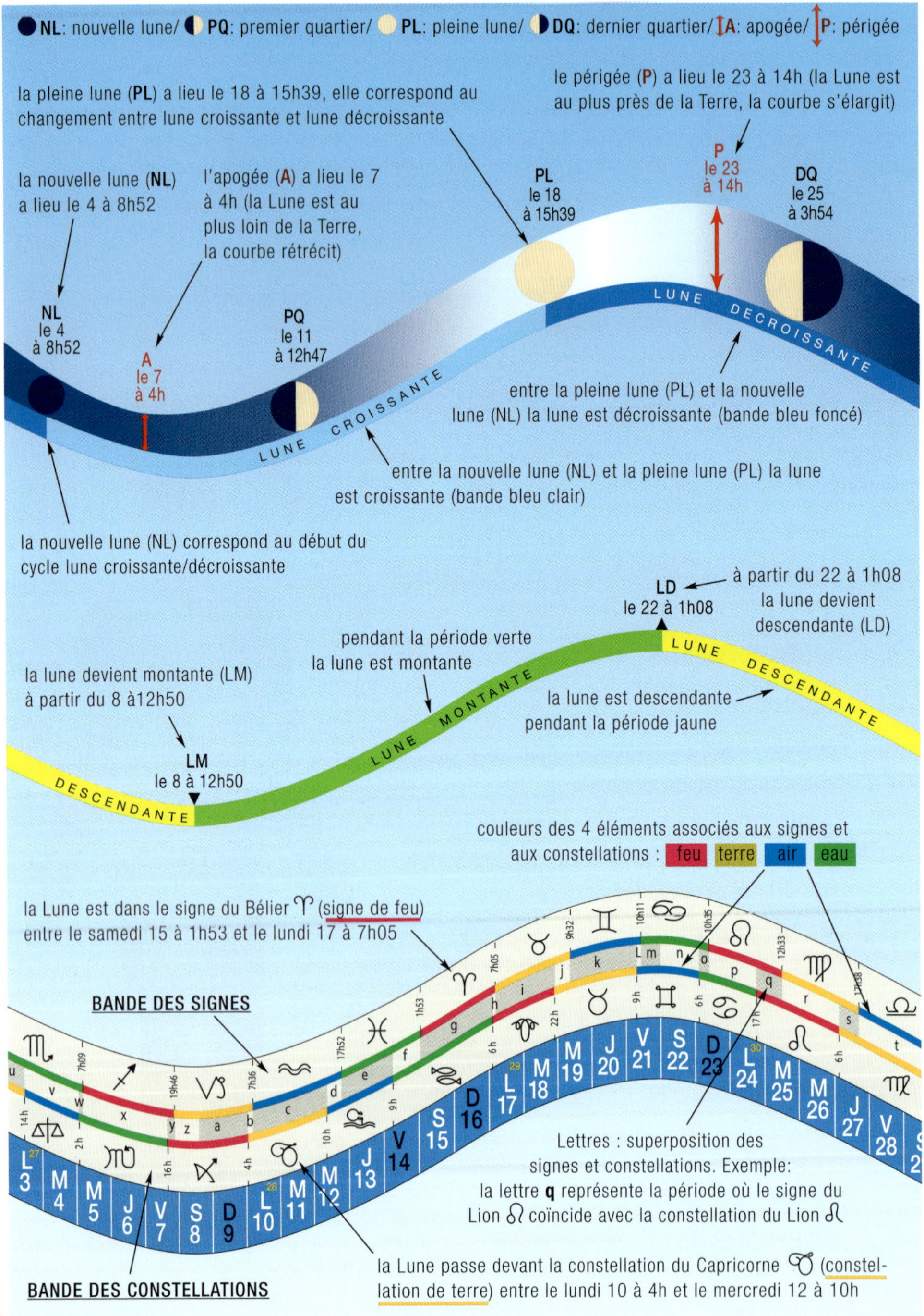

en un clin d'œil...

numéro de semaine (ex: 29ème semaine de l'année)

dates bleues = dimanches et jours fériés

dates blanches = jours et dates

zone blanche (sans étoile(s)) = période neutre

vendredi 21 à 19h c'est le périgée (**P**) le 21 après-midi est une période négative

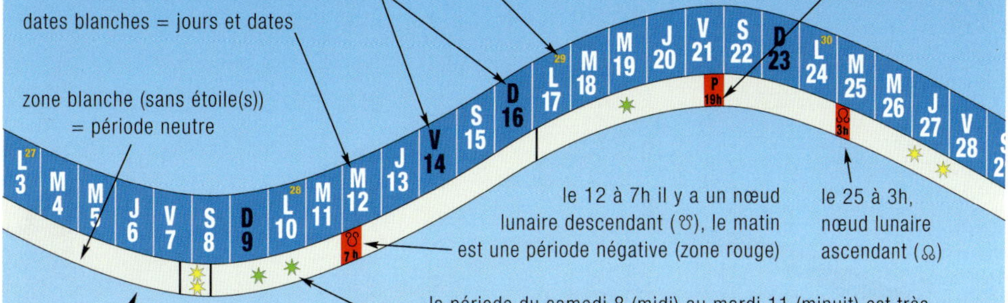

le 12 à 7h il y a un nœud lunaire descendant (☋), le matin est une période négative (zone rouge)

le 25 à 3h, nœud lunaire ascendant (☊)

la période du samedi 8 (midi) au mardi 11 (minuit) est très favorable à la récolte des parties aériennes des plantes (✳✳)

BANDE DÉDIÉE AUX PÉRIODES DE RÉCOLTES : avec des étoiles vertes (✳) pour la récolte des parties aériennes des plantes et des étoiles jaunes (✳) pour les parties souterraines (plus il y a d'étoiles, meilleure est la période)

✳✳ = très bon, ✳ = bon, ☐ = neutre *(à éviter pour les récoltes pourrissant facilement)*, ■ = négatif

BANDE DÉDIÉE AUX PÉRIODES DE CULTURES (semis, plantation, entretien)

la période du vendredi 14 à 9h au lundi 17 à 6h est très favorable aux plantes "feuilles" *(3 étoiles vertes = excellent)*

dimanche 23 matin est une période déconseillée = zone moins (-)

le changement entre la période "feuilles" et la période "fruits" a lieu le vendredi 7 à 16h

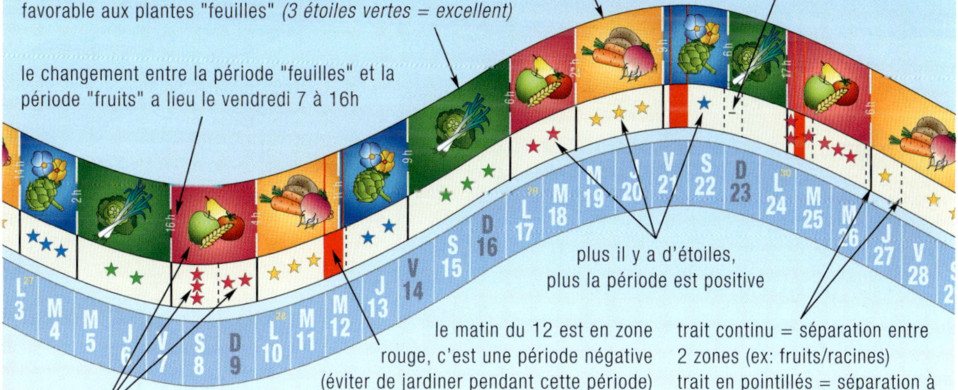

plus il y a d'étoiles, plus la période est positive

le matin du 12 est en zone rouge, c'est une période négative (éviter de jardiner pendant cette période)

trait continu = séparation entre 2 zones (ex: fruits/racines)
trait en pointillés = séparation à l'intérieur d'une même zone

la couleur des étoiles correspond à la couleur de la constellation en cours

LES 4 TYPES DE CONSTELLATIONS ⟹

★★★ = excellent, ★★ = très bon, ★ = bon, ☐ = neutre, — = déconseillé, ■ = négatif

JANVIER

SAISONS CHINOISES :
début de l'intersaison le 17 à 3h

Le 4, la Terre est au plus près du Soleil (périhélie), environ 147 millions de km

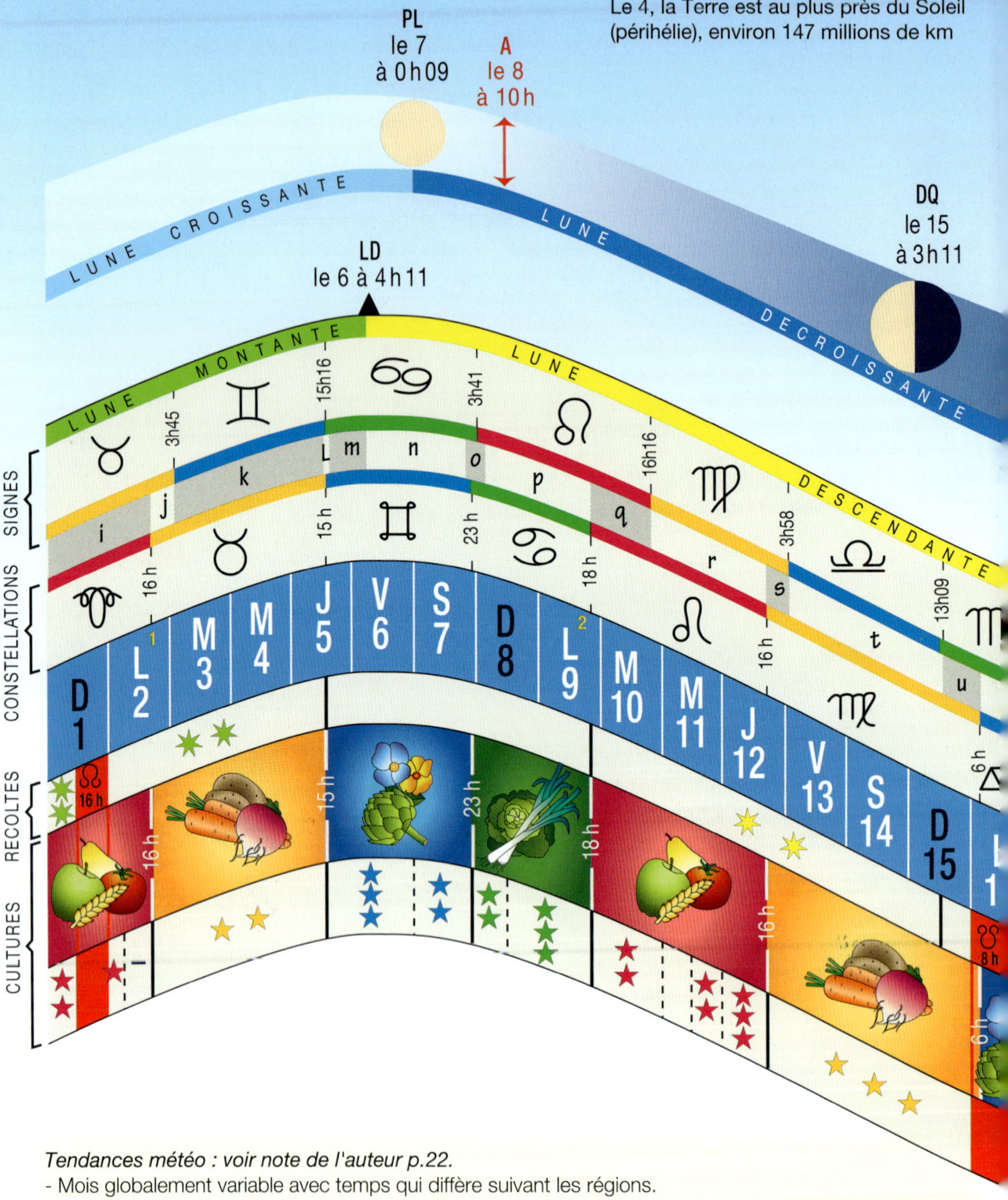

Tendances météo : voir note de l'auteur p.22.

- Mois globalement variable avec temps qui diffère suivant les régions.
- Début d'année partiellement ensoleillé. Temps devenant plus humide par moments, neige possible notamment vers le 7, brouillard dans les zones à brouillard.
- Du 9 au 14, période légèrement plus fraîche, plus ventée et dans le Nord-Ouest de la France plus humide.
- Du 15 au 27, globalement plus frais dans l'ensemble, neige possible dans cette période notamment vers le 22. Humidité et brouillard surtout dans la partie nord de la France.
- Du 28 au 31, période humide avec températures pouvant être douces.

Le Nouvel An chinois aura lieu le 22 janvier,
ce sera l'année du Lapin d'eau,

Le Soleil entre dans
la constellation du Capricorne le 18

Le Soleil entre dans le signe
du Verseau le 20 à 9h30

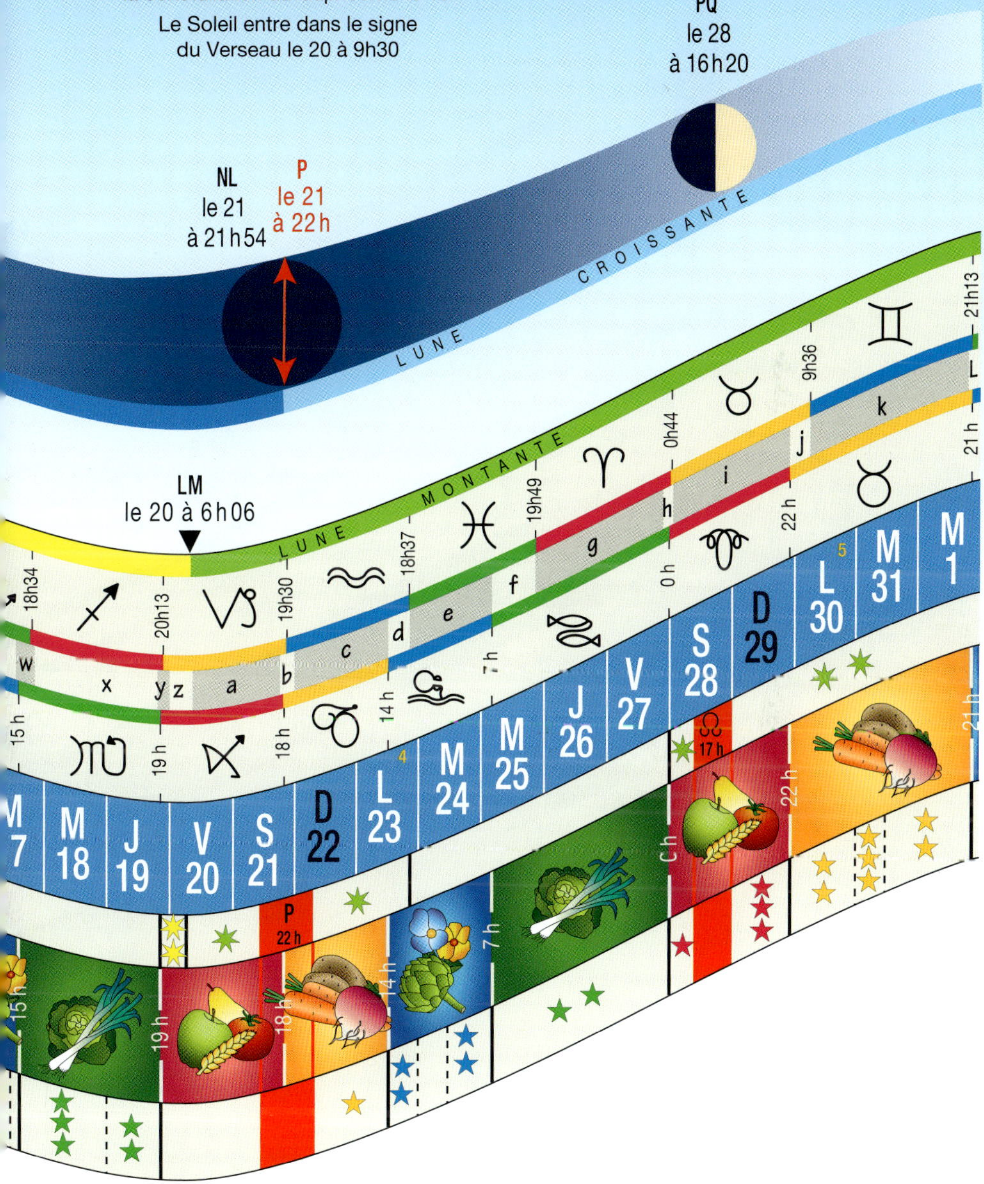

Tailler : voir p.42-43

Couper du bois : voir p.56.

Mode d'emploi des courbes : page 70-71. Ce calendrier est établi en heure légale française (voir p.96)

FÉVRIER

Début du Printemps chinois le 4 à 3h

Le Soleil entre dans la constellation du Verseau le 15

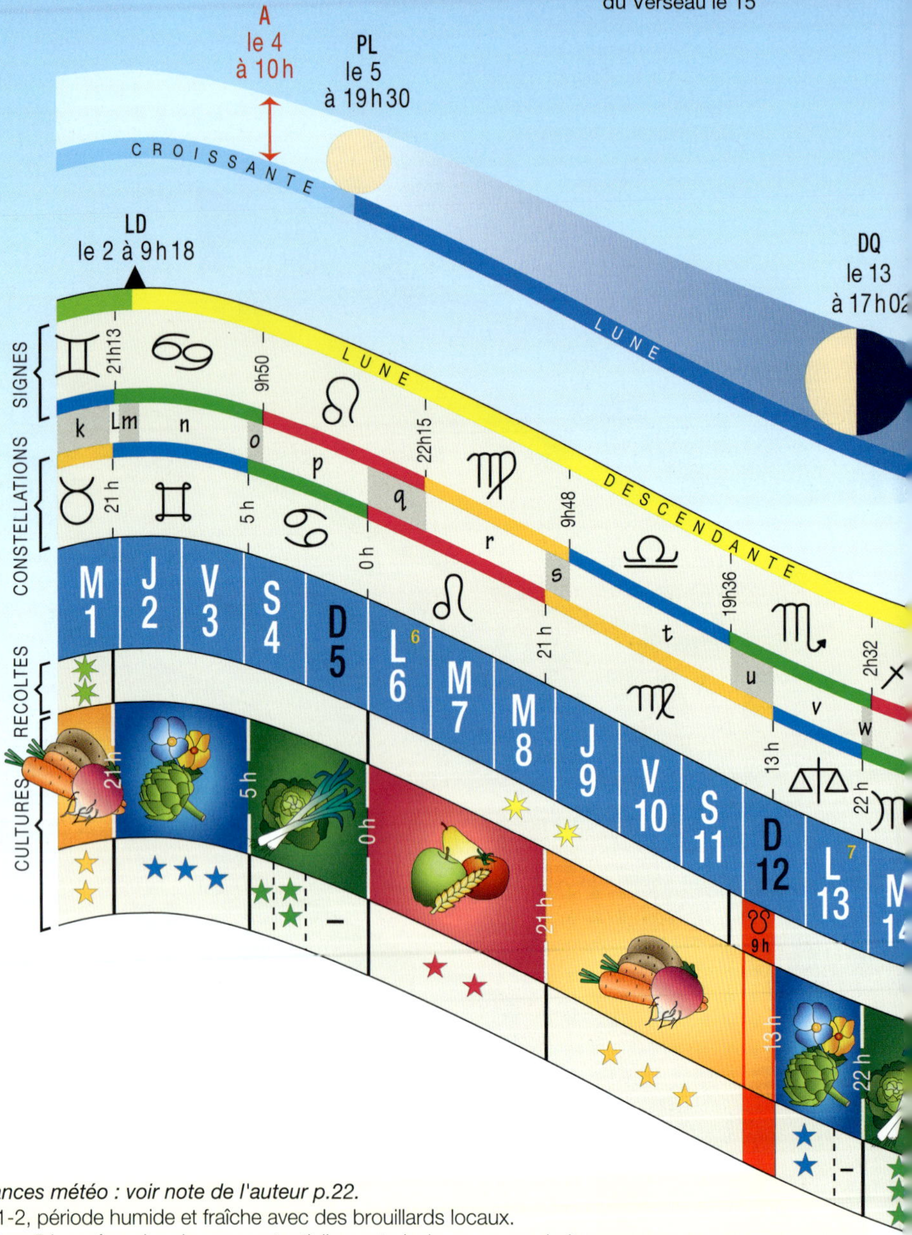

Tendances météo : voir note de l'auteur p.22.

- Les 1-2, période humide et fraîche avec des brouillards locaux.
- Du 3 au 5 journées plus douces, potentiellement pluvieuse par endroits.
- Du 6 au 12, période globalement ventée et pluvieuse en alternance avec des moments plus secs.
- Du 13 au 19, période plus hivernale, assez humide avec possibilité de neige jusqu'en plaine.
- Du 20 au 25, période un peu moins froide, encore un peu humide.
- Du 26 au 28, tendance à l'assèchement avec une légère remontée des températures.

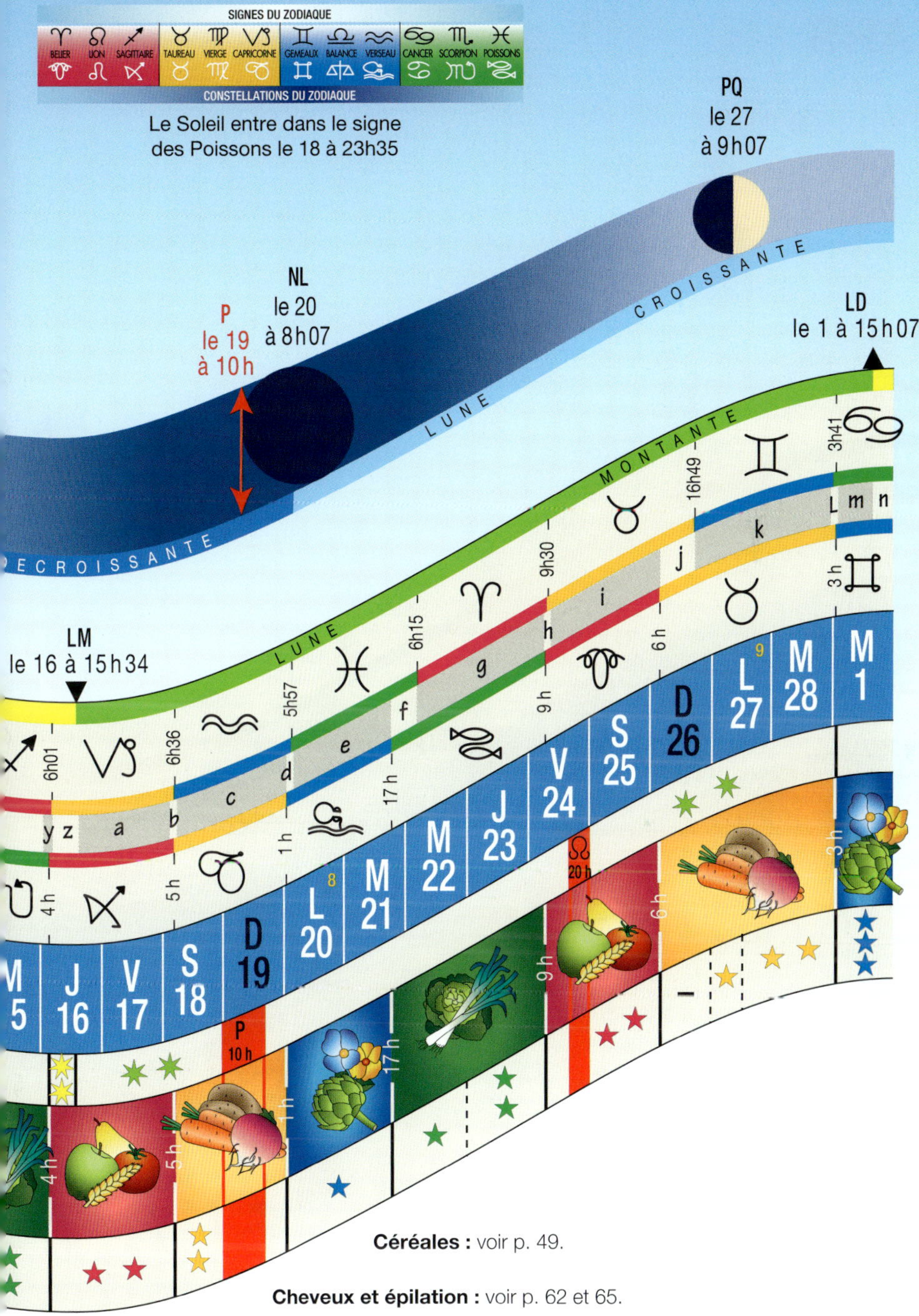

Céréales : voir p. 49.

Cheveux et épilation : voir p. 62 et 65.

Lune descendante : le travail du sol, les plantations (par exemple arbres), les repiquages surtout à racines nues, les épandages (compost…) sont à effectuer en lune descendante, moment où l'enracinement sera le meilleur (voir p.7).

MARS

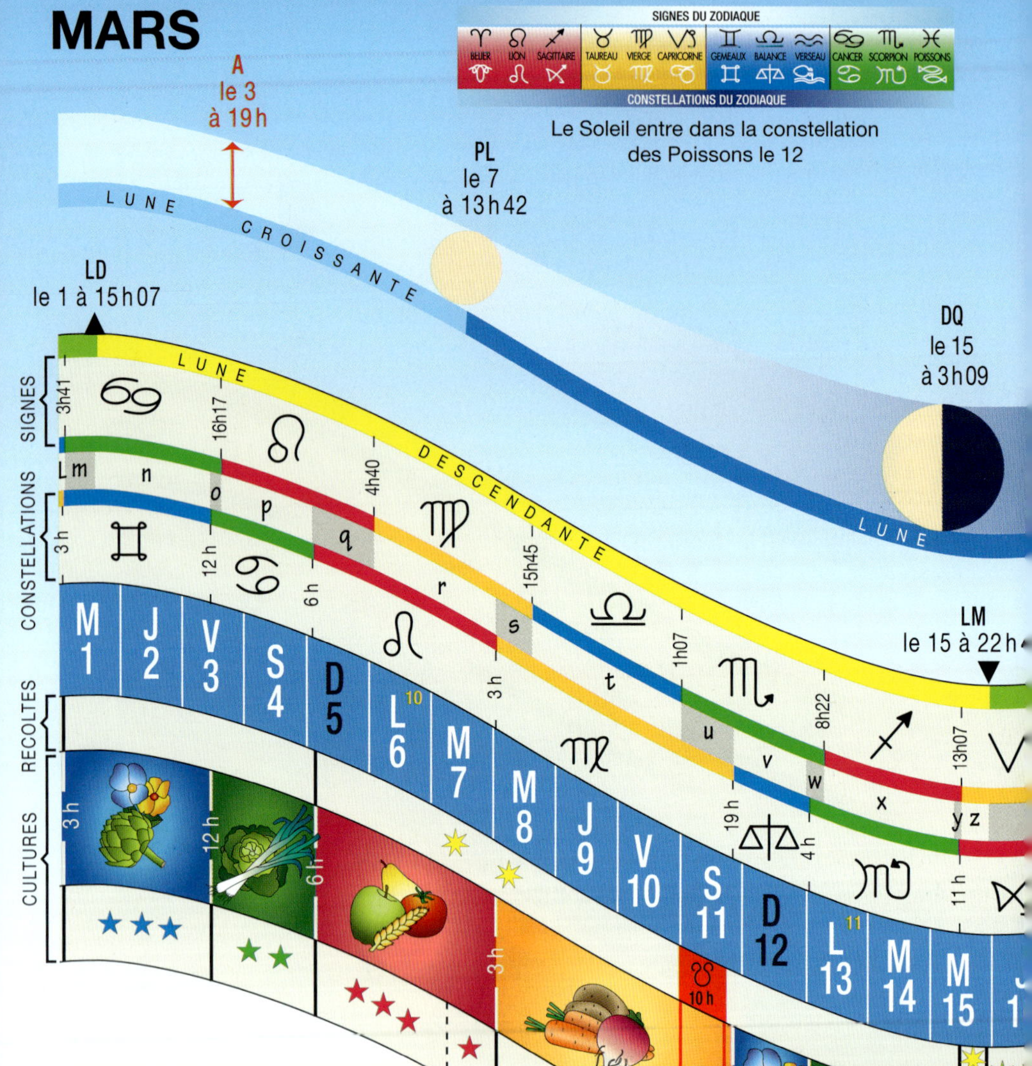

Tendances météo : voir note de l'auteur p.22.

- Du 1er au 3, remontée des températures, beau temps principalement dans le Sud de la France avec des passages brumeux ou du brouillard dans le Nord.
- Du 4 au 6, beau temps dans l'ensemble.
- Du 7 au 14 temps de saison plutôt doux, humidité ou averses possibles par endroits.
- Du 15 au 22, températures douces pour la saison. Passages pluvieux dans certaines régions, beau temps ailleurs. Neige possible en montagne.
- Du 23 au 26, temps variable d'un moment à l'autre et d'une région à l'autre avec averses possibles, voire giboulées.
- Du 27 au 28 assez beau temps avec encore quelques averses possibles localement.
- Du 29 au 31, vent du nord amenant un assèchement et générant une alternance entre chaud et froid.

Pour éviter aux **oignons** et aux **échalotes** de monter les planter à une date «racines» en lune descendante (ex : 8, 9 ou 10 mars). Pour planter des griffes d'asperge, le faire en lune descendante à une date «feuilles» (ex : 3 après-midi ou 4 mars) ou «Racines» (8, 9 ou 10).

Mars est un bon mois pour tailler, mais le dernier. **Tailler** en lune descendante, par exemple du 2 au 15 ou à partir du 29 (en évitant le 11, le 13 matin et le 14 après-midi). Voir p.42 et 43.

AVRIL

Début de l'intersaison le 17 à 18h

Le Soleil entre dans la constellation du Bélier le 19

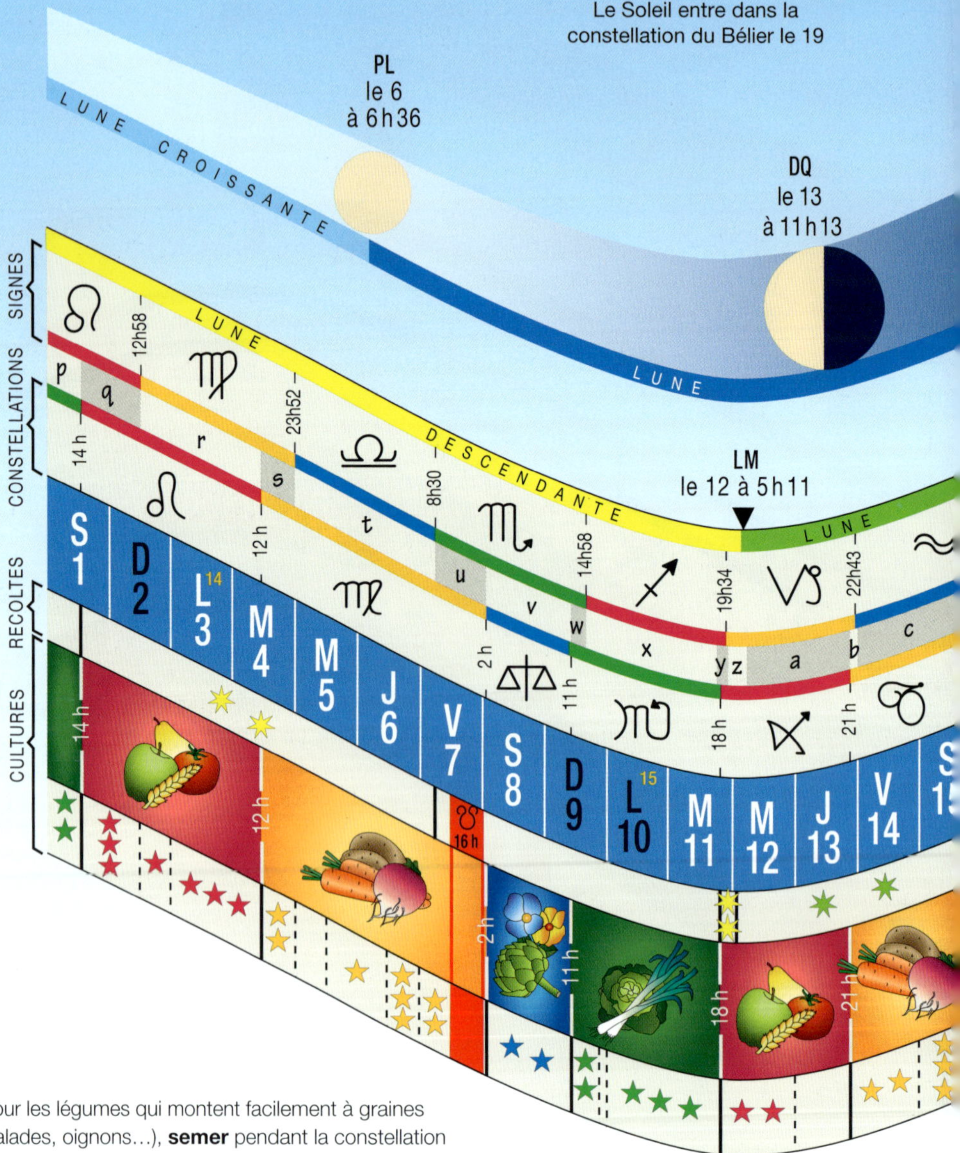

Pour les légumes qui montent facilement à graines (salades, oignons…), **semer** pendant la constellation appropriée, en lune descendante et si possible décroissante.
Par ex. semer salades le 10 ou le 11 avril et oignons le 6 après-midi.

Planter des pommes de terre : 6 après-midi, 14 ou 15 avril. Le début de la floraison du lilas est un bon point de repère pour les planter.

Mode d'emploi (à détacher pour utiliser comme marque-page)

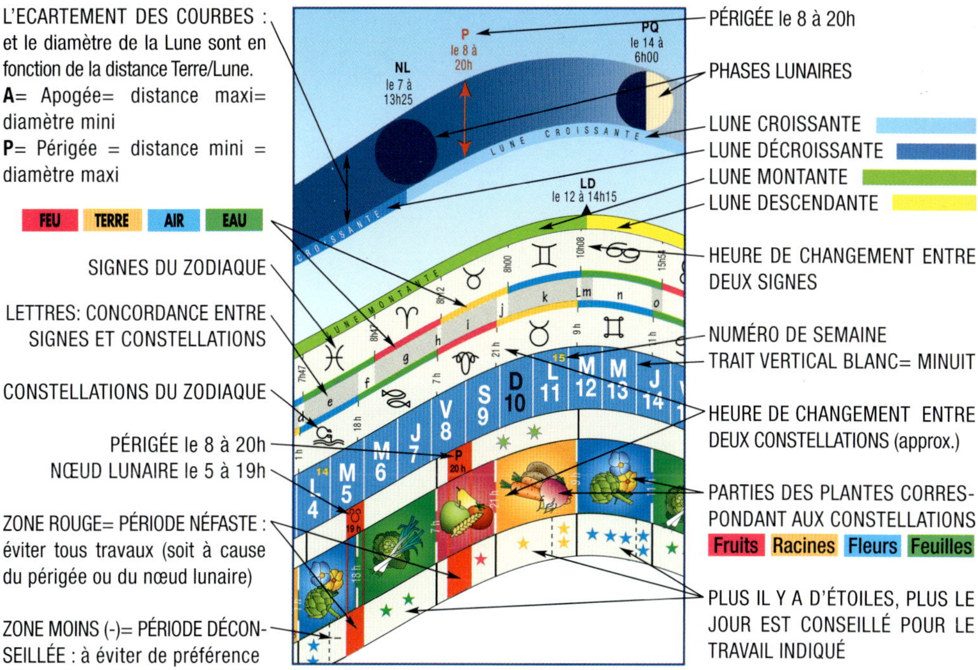

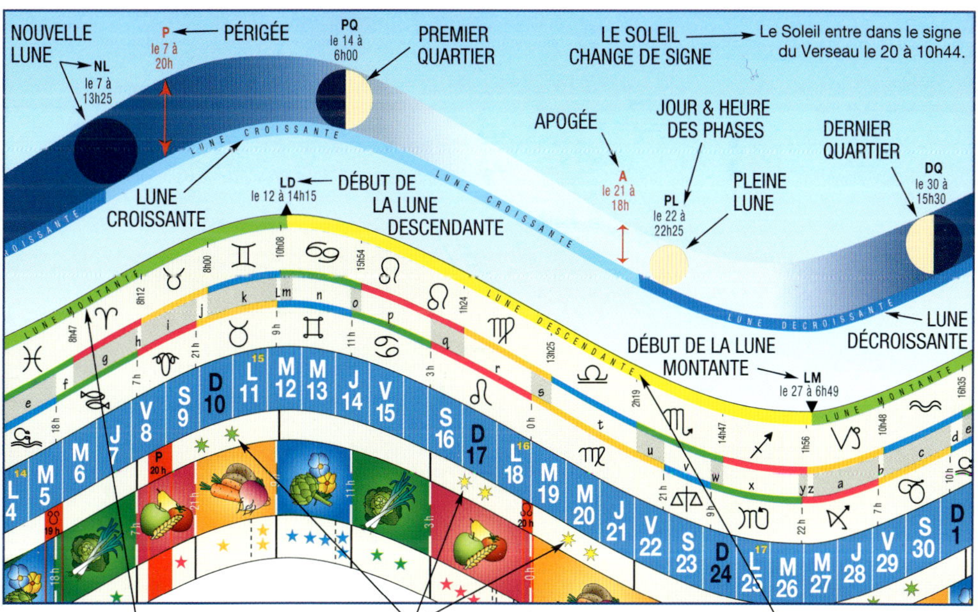

Période de lune montante : récolte des parties aériennes des plantes, greffes...

Plus il y a d'étoiles et plus la période est favorable pour les récoltes.

Période de lune descendante : récolte des parties souterraines des plantes, travail du sol, plantation, repiquage, épandage...

Calendrier des semis plantes classées par type de constellation (feu, terre, air, eau)

semis sous châssis — semis en pleine terre

FRUITS — FEU

	J	F	M	A	M	J	J	A	S	O	N	D
Aubergine		châssis										
Concombre / Cornichon			½ châssis	châssis	terre	terre						
Courge / Potiron				châssis	terre							
Courgette / Patisson			½ châssis	châssis	terre	terre	½ terre					
Fève	½ châssis	½ châssis / ½ terre	terre	terre								
Haricot				châssis	terre	terre	terre	½ terre				
Maïs				½ terre	terre	½ terre						
Melon / Pastèque				châssis	terre							
Piment / Poivron		½ châssis	châssis									
Pois	châssis	½ châssis / ½ terre	terre	terre	½ terre							
Tomate		½ châssis	châssis	châssis								
Toutes les céréales												

RACINES — TERRE

	J	F	M	A	M	J	J	A	S	O	N	D
Ail		terre	terre								terre	terre
Betterave			châssis	terre	terre	terre						
Carotte	châssis	châssis	terre	terre	terre	terre						
Céleri Rave		châssis	châssis									
Cerfeuil Tubéreux		terre	terre						terre	terre	½ terre	
Echalote		terre	terre									
Endive					terre	terre						
Navet		châssis	terre	terre		½ terre	terre	terre				
Oignon blanc et jaune		châssis	terre	terre	½ terre			terre				
Panais			terre	terre	terre							
Pomme de terre		châssis	châssis	terre	terre	½ terre						
Radis	châssis	châssis	châssis	terre	terre	terre	terre	terre	terre	châssis	châssis	châssis
Salsifis / Scorsonere			terre	terre	½ terre							
Topinambour			terre	terre								

AIR — FLEURS

	J	F	M	A	M	J	J	A	S	O	N	D
Artichaut			terre	terre								
Brocoli / Chou-fleur			châssis	châssis	terre	terre	½ terre					
Toutes les fleurs												

FEUILLES — EAU

	J	F	M	A	M	J	J	A	S	O	N	D
Arroche			châssis	châssis	terre	terre						
Basilic			châssis	châssis								
Céleri Branche			châssis	châssis	terre							
Cerfeuil		châssis	terre	terre	terre	terre	terre	terre	terre	terre		
Chicorée Scarole / Frisée					½ terre	terre	terre	½ terre				
Chou		châssis	châssis	terre	terre	terre		½ terre	terre			
Chou de Bruxelles					½ terre	terre	½ terre					
Chou Chinois						terre						
Chou-Rave / Oseille		½ châssis	châssis	terre	terre	terre	terre					
Cresson			châssis	terre	terre	terre	terre	terre	terre			
Epinard			terre	terre				½ terre	terre	½ terre		
Fenouil / Pourpier				½ terre	terre	terre	½ terre					
Laitue / Roquette		½ châssis	châssis	½ châssis / ½ terre	terre	terre	terre	terre				
Mâche							terre	terre	terre	châssis		
Persil		½ terre	terre	terre	terre	terre	terre	terre				
Pissenlit			terre	terre	terre	terre	½ terre					
Poireau	châssis	châssis	terre	terre	terre	terre						
Poirée			châssis	terre	terre	terre		½ châssis				
Tétragone			½ châssis	½ châssis / ½ terre	terre							

À DÉTACHER POUR UTILISATION COMME MARQUE-PAGE

Retrouvez la liste complète sur www.calendrier-lunaire.fr (calendrier des semis)

Début de la Lune rousse le 20

Le Soleil entre dans le signe du Taureau le 20 à 10h14

Pour **greffer :** voir p. 41.

Herbes indésirables : voir p. 32-33

Éclipse de Soleil le 20 avril (voir p.11)

Tendances météo : voir note de l'auteur p.22.

- Du 1er au 3, temps assez beau et venté avec giboulées possibles par moment.
- Du 4 au 5 journées plutôt pluvieuses.
- Du 6 au 12, temps variable, venté et humide avec averses fortes possibles par endroits.
- Du 13 au 19, venté et variable. Tendance à une amélioration progressive avec un radoucissement et moins d'humidité qu'auparavant.
- Du 20 au 26, remontée des températures accompagnée d'une période sèche.
- Du 27 au 30 dans l'ensemble temps plutôt chaud, mais possibilité par moment de pluie et de vent dans certaines régions.

MAI

Début de l'été chinois le 5 à 18h

Le Soleil entre dans la constellation du Taureau le 14

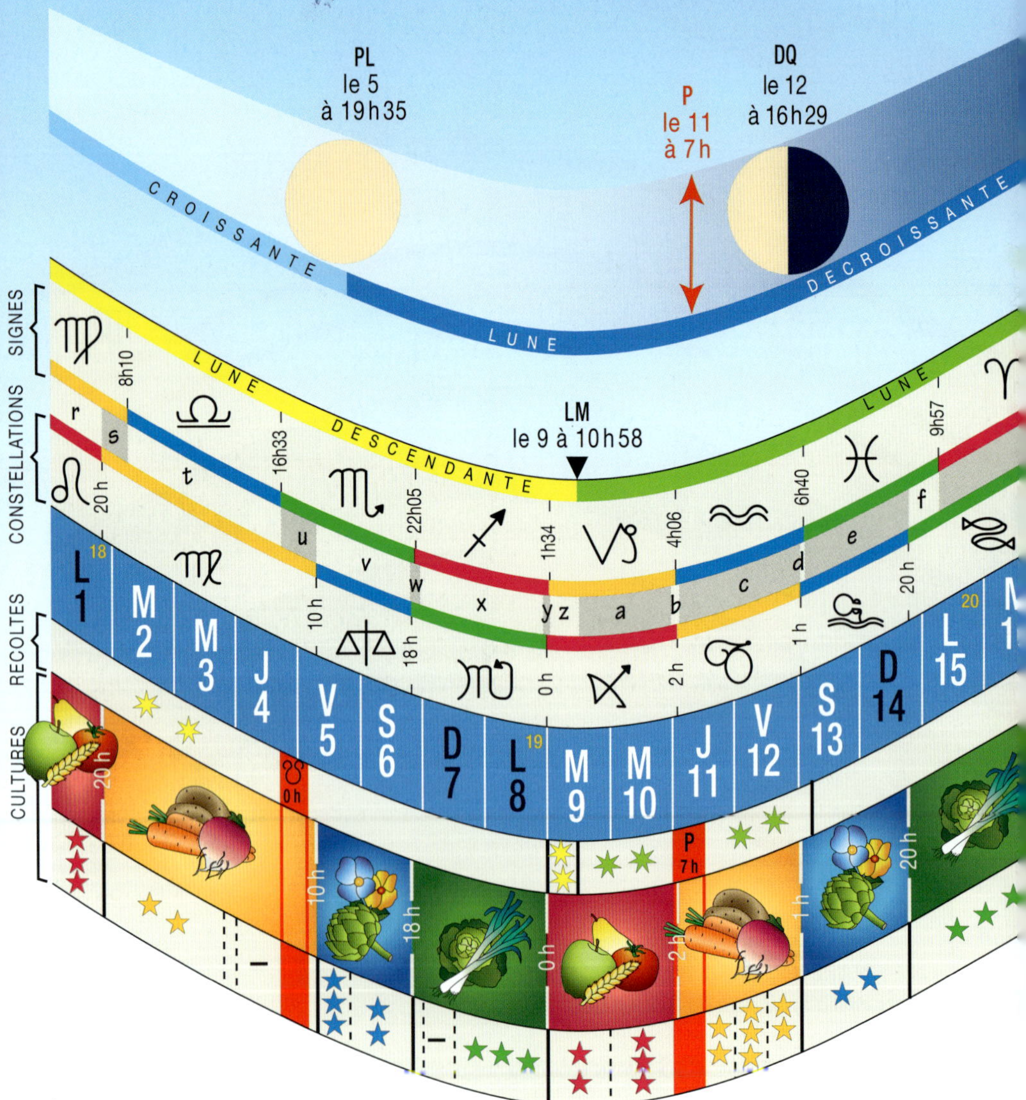

Éclipse de Lune le 5 mai (voir p.11).

Pour **semer**, choisir la constellation correspondant au but recherché, si possible avec un maximum d'étoiles. Par exemple, semer de la salade le 15 ou le 16 avril et des oignons le 12 matin.

Le Soleil entre dans le signe des Gémeaux le 21 à 9h10

Fin de la Lune rousse le 19

Tendances météo : voir note de l'auteur p.22.

- Du 1 au 11 belle période dans l'ensemble, pouvant être ventée avec des averses localisées, principalement en milieu de période.
- Du 11 au 13, perturbation et rafraîchissement possibles.
- Du 14 au 18, globalement assez beau.
- Du 19 au 31, beau temps avec une accentuation de la chaleur. Averses localisées possibles, voire orages, principalement en milieu de période.

JUIN

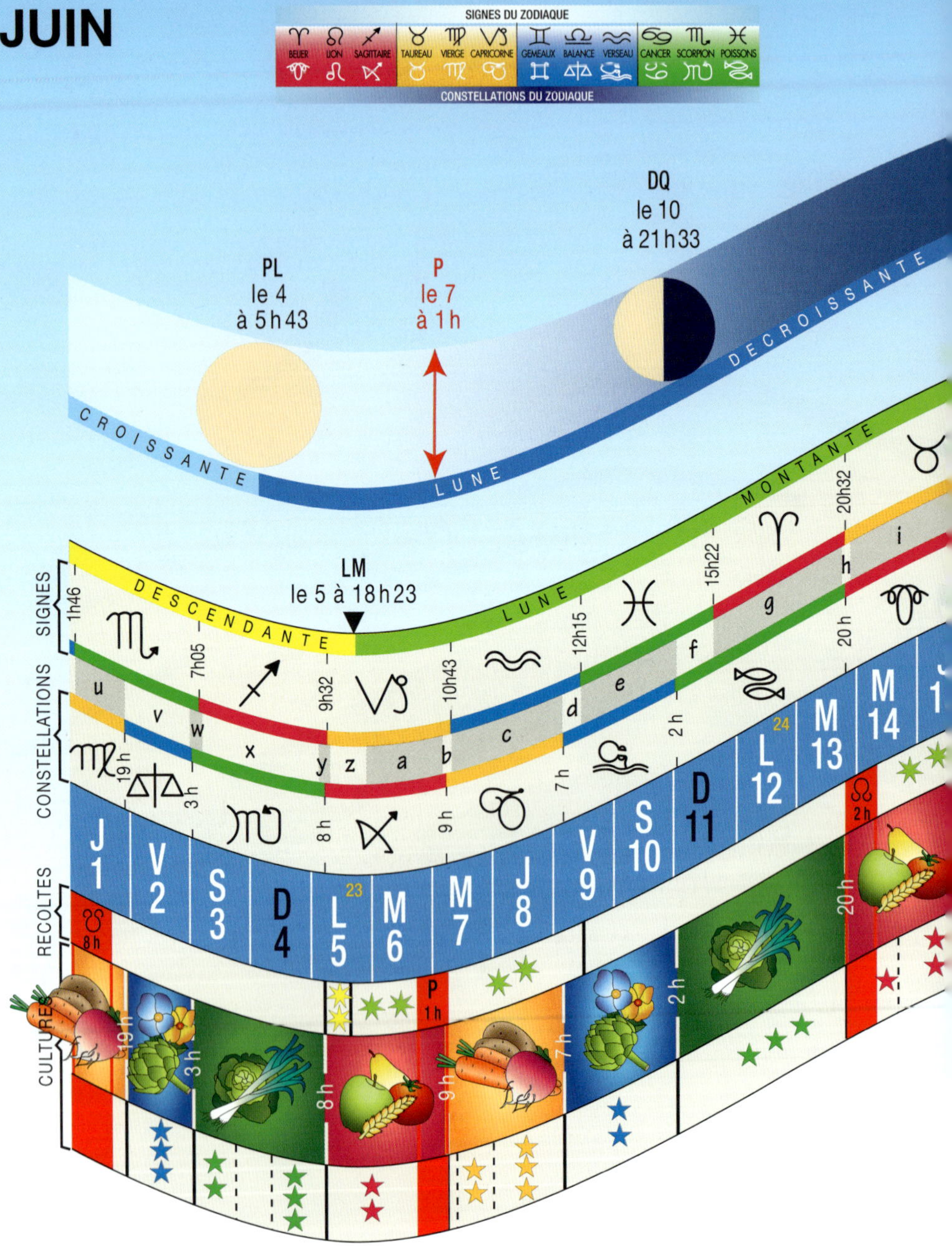

Récolter de la prêle pendant la lune montante, en constellation de terre. Par exemple, récolter le 8 juin pour la faire sécher en vue d'une utilisation ultérieure

Dans la deuxième quinzaine de juin, certains aspects planétaires favoriseront davantage le développement des **maladies cryptogamiques**. En prévention, nous vous conseillons pendant cette période de pulvériser régulièrement de la décoction de Prêle (silice). L'utilisation de thé de compost (p.27 et 30) s'avère également très efficace.

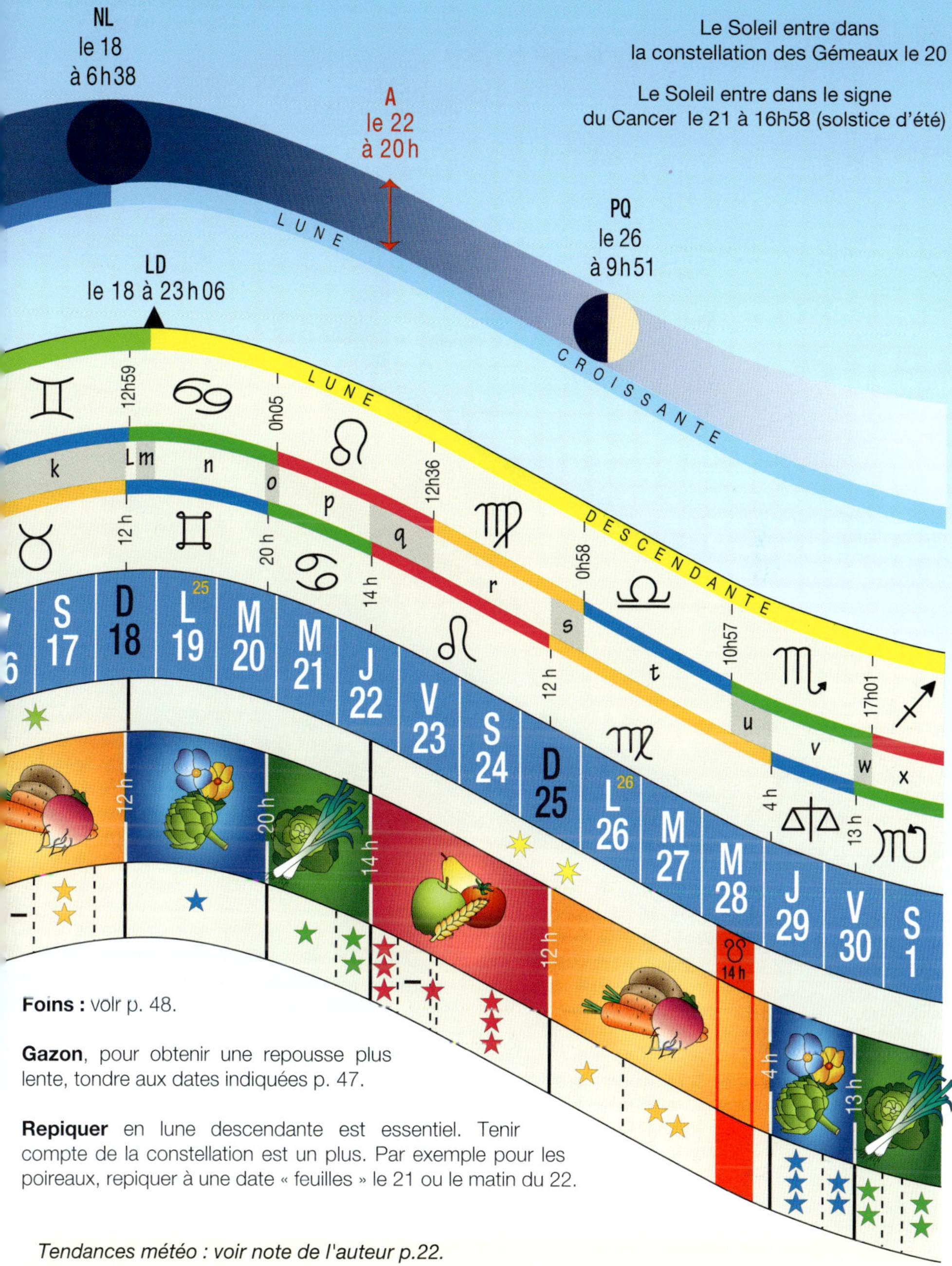

Foins : voir p. 48.

Gazon, pour obtenir une repousse plus lente, tondre aux dates indiquées p. 47.

Repiquer en lune descendante est essentiel. Tenir compte de la constellation est un plus. Par exemple pour les poireaux, repiquer à une date « feuilles » le 21 ou le matin du 22.

Tendances météo : voir note de l'auteur p.22.

- Du 1er au 8, toujours chaud avec possibilité de vents et d'orages locaux.
- Du 9 au 11, Plus frais et plus humide.
- Du 12 au 14, beau et chaud.
- Du 15 au 17, chaud avec orages locaux possibles.
- Du 18 au 30, période plus humide, voire tempétueuse avec risques d'orages violents, notamment vers le 20-22 et surtout le 26. Amélioration en fin de période.

JUILLET

Le 6, la Terre est au plus loin
du Soleil (aphélie) = environ 152 millions de km.

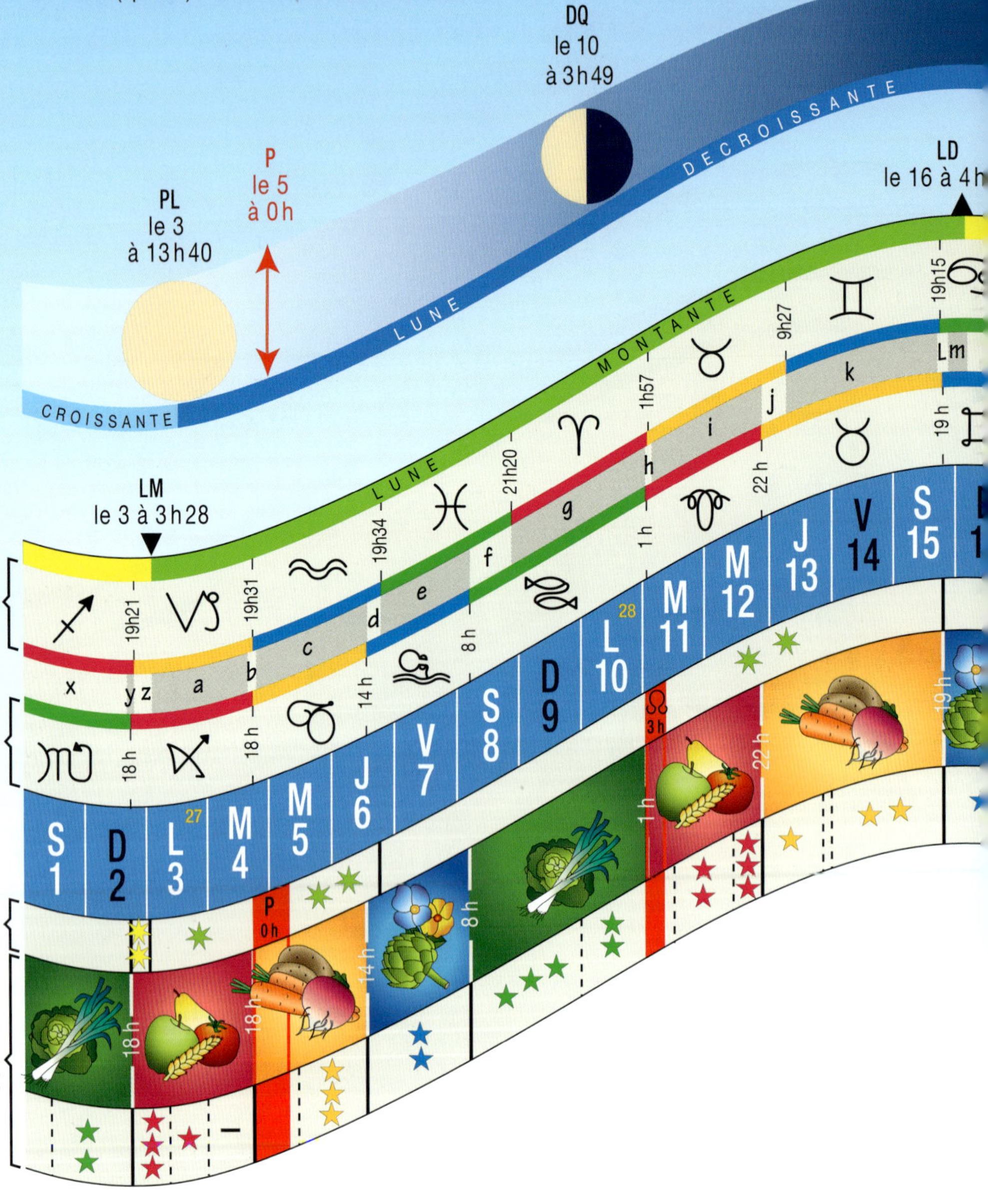

En période sèche, pour éviter un enracinement superficiel, arroser davantage et moins souvent, de préférence le soir. Il est bon de sarcler quelques heures après l'arrosage pour éviter l'évaporation. Le paillage est la solution idéale pour conserver au maximum l'humidité du sol.

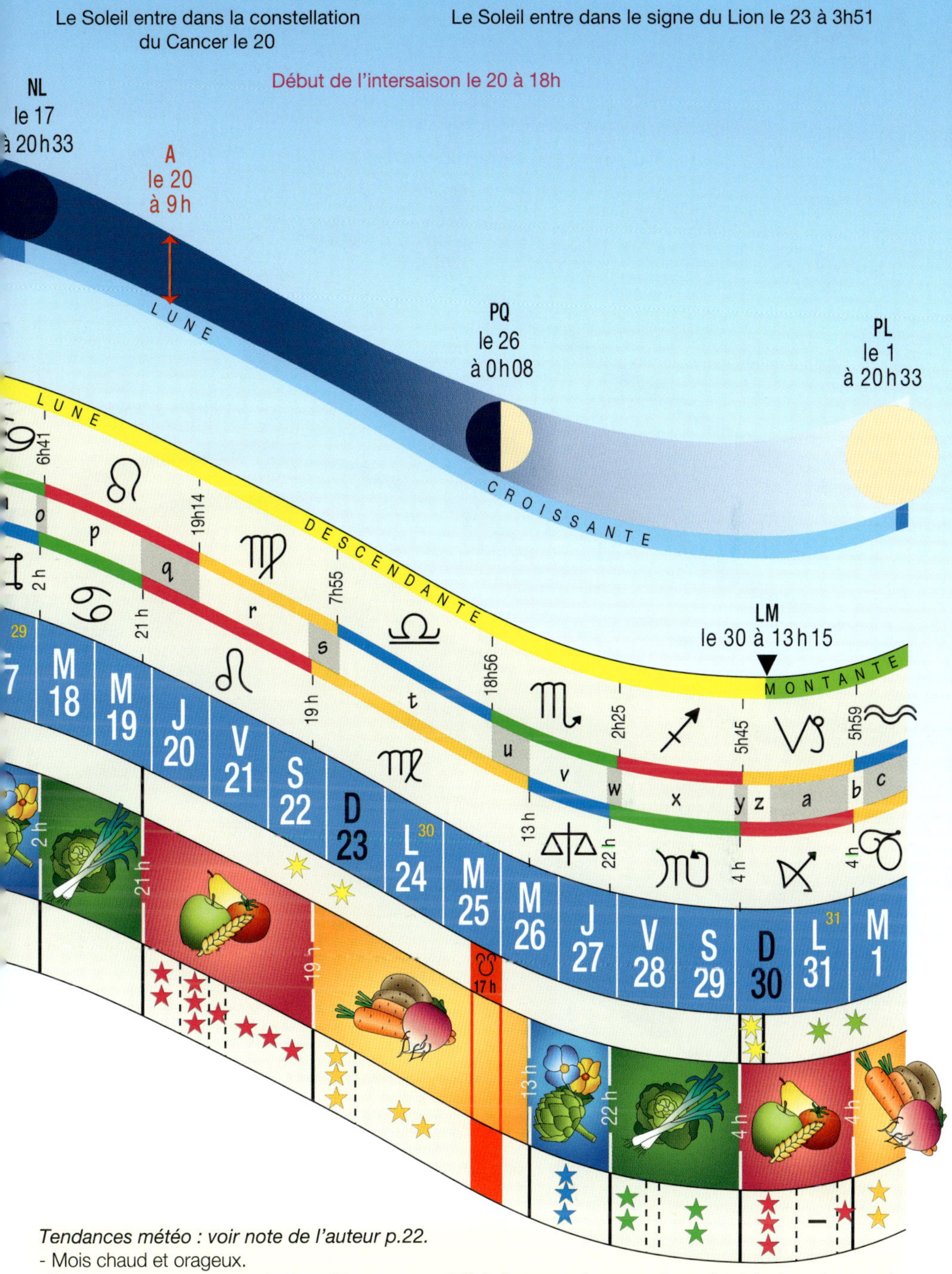

Tendances météo : voir note de l'auteur p.22.

- Mois chaud et orageux.
- Temps orageux, surtout du 8 au 20, avec possibilité d'orages et coups de vents violents notamment les 8, 10, 14, 15, 19 et 20.
- À partir du 21, plus sec et toujours chaud, n'excluant pas des orages locaux.

AOÛT

Début de l'automne chinois le 7 à 18h

Le Soleil entre dans la constellation du Lion le 11

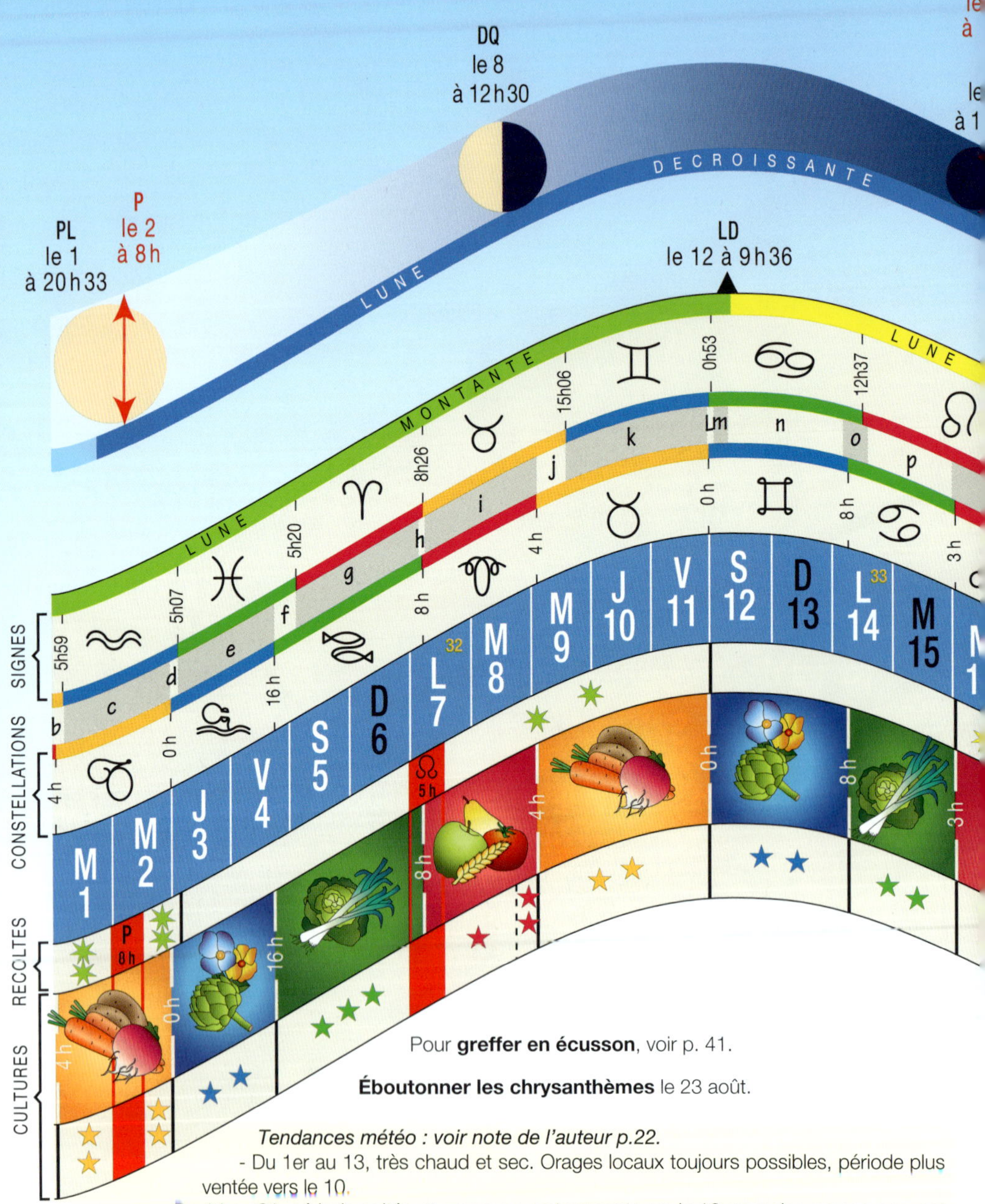

Pour **greffer en écusson**, voir p. 41.

Éboutonner les chrysanthèmes le 23 août.

Tendances météo : voir note de l'auteur p.22.

- Du 1er au 13, très chaud et sec. Orages locaux toujours possibles, période plus ventée vers le 10.
- Du 14 au 21, période agitée et orageuse, notamment vers le 16 avec des orages pouvant être violents.
- Du 22 au 23, fortes pluies possibles.
- Du 24 au 31, temps plus variable avec encore certaines journées chaudes, notamment vers le 26, mais d'autres pouvant être plus fraîches et humides.

Le Soleil entre dans le signe de la Vierge le 23 à 11h01

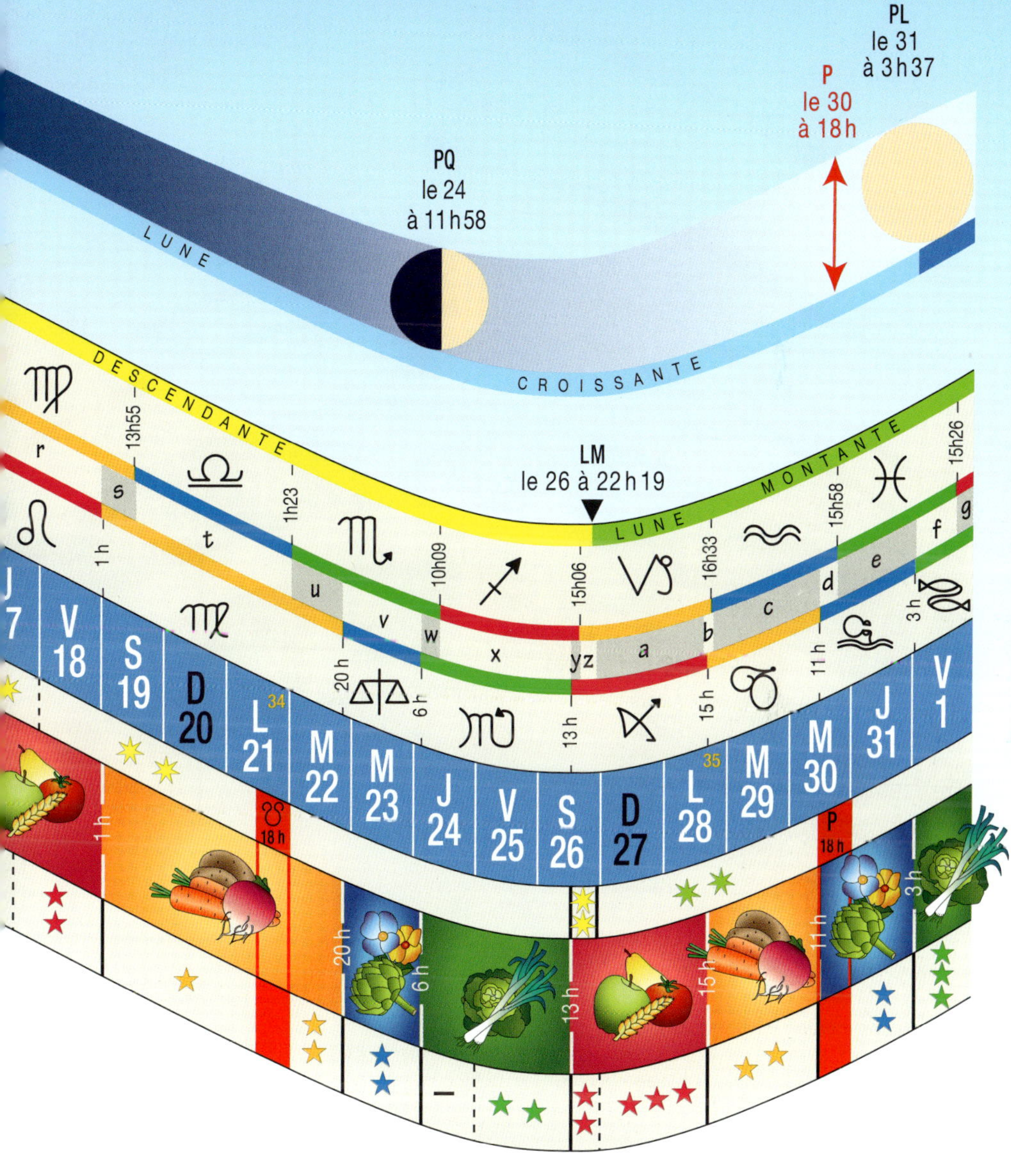

Bouturer les géraniums : en lune montante de préférence à une date "Fleurs", par ex. le 3 ou le 31 août. Prendre la bouture sur une tige durcie, casser au niveau du nœud. Laisser démarrer dans un peu de tourbe ou de l'eau avant de mettre dans du terreau.

SEPTEMBRE

Le Soleil entre dans la constellation de la Vierge le 16

Céréales : voir p. 49.

Fraisiers : repiquer le 12 après-midi ou le 14.

Compost : choisir les dates indiquées p. 26 pour le faire. Pour le répandre, attendre a lune descendante.

Tendances météo : voir note de l'auteur p.22.

- Du 1er au 5, temps globalement doux et agréable. Léger fléchissement des températures, plus d'humidité, avec notamment un passage pluvieux les 1 et 2.
- Du 6 au 17 temps variable selon les régions, plutôt venté surtout en début de période, humidité possible par endroits.
- Du 18 au 20, toujours doux, mais plus humide avec pluies possibles.
- Du 22 au 27, températures plus chaudes que de saison, perturbations possibles avec un temps agité et venté.
- Du 28 au 30, baisse des températures, temps variable, perturbé et venté, pluvieux par endroits.

Le Soleil entre dans le signe de la Balance le 23 à 8h50 (équinoxe d'automne)

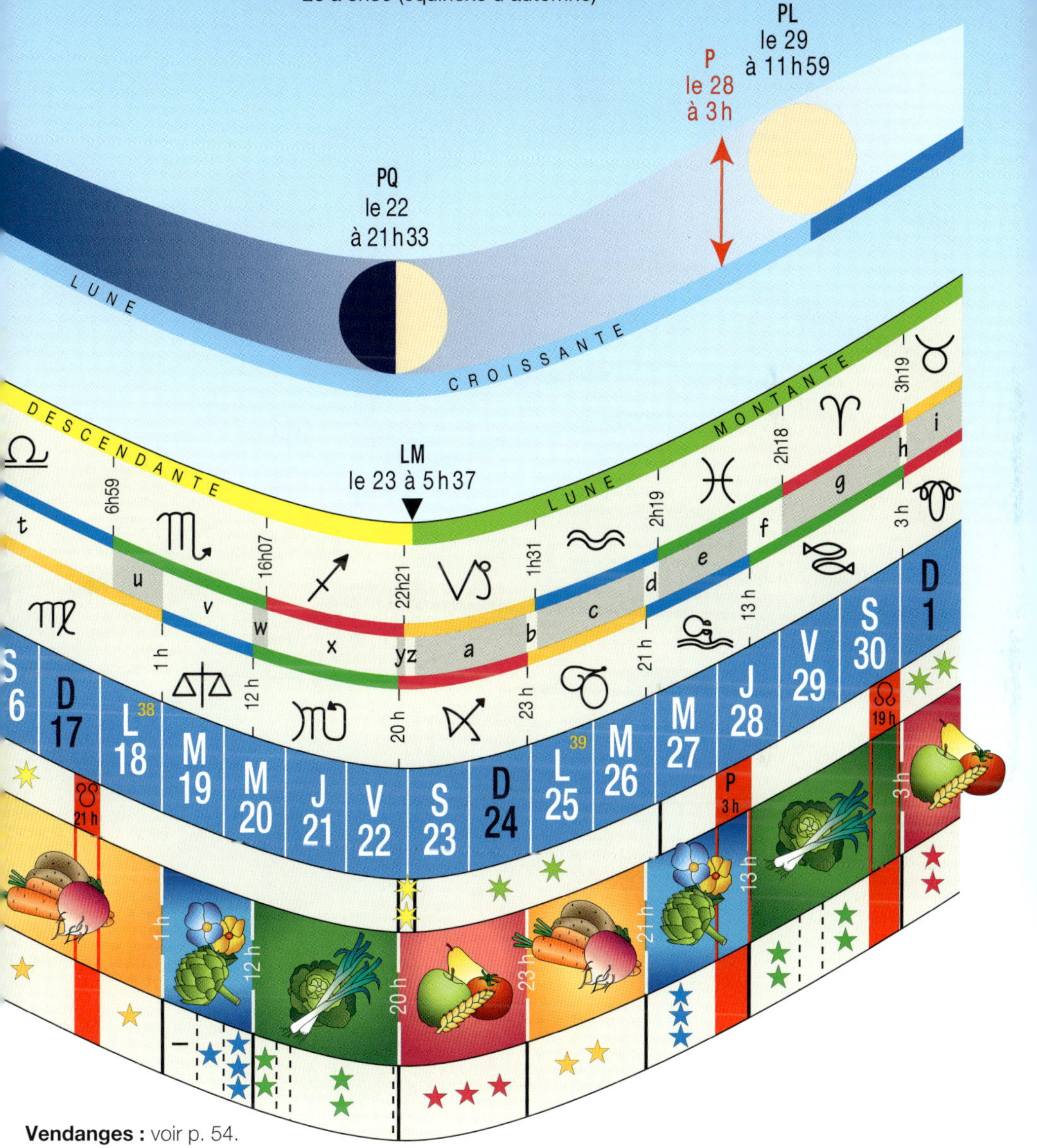

Vendanges : voir p. 54.

Pour **épandre les fumiers**, voir p. 26.

Conservation des fruits : récolter en tenant compte de la ligne des récoltes et aussi des indications mentionnées page 37.

OCTOBRE

Tendances météo : voir note de l'auteur p.22.

- Du 1er au 13, période pluvieuse et froide avec temps variable, voire agité en alternance. Du 2 au 3 nuit froide. Neige en montagne possible vers le 5 et surtout le 10. Des moments ensoleillés et doux dans certaines régions.
- Du 14 au 23, temps assez semblable à la période précédente mais avec une légère amélioration.
- Du 24 ou 26, moins d'humidité, vents froids par endroits.
- Du 27 au 31, vents amplifiés, pluies possibles et neige en montagne. Net refroidissement le 27 dans certaines régions.

Le Soleil entre dans le signe du Scorpion le 23 à 18h21

Début de l'intersaison le 20 à 17h

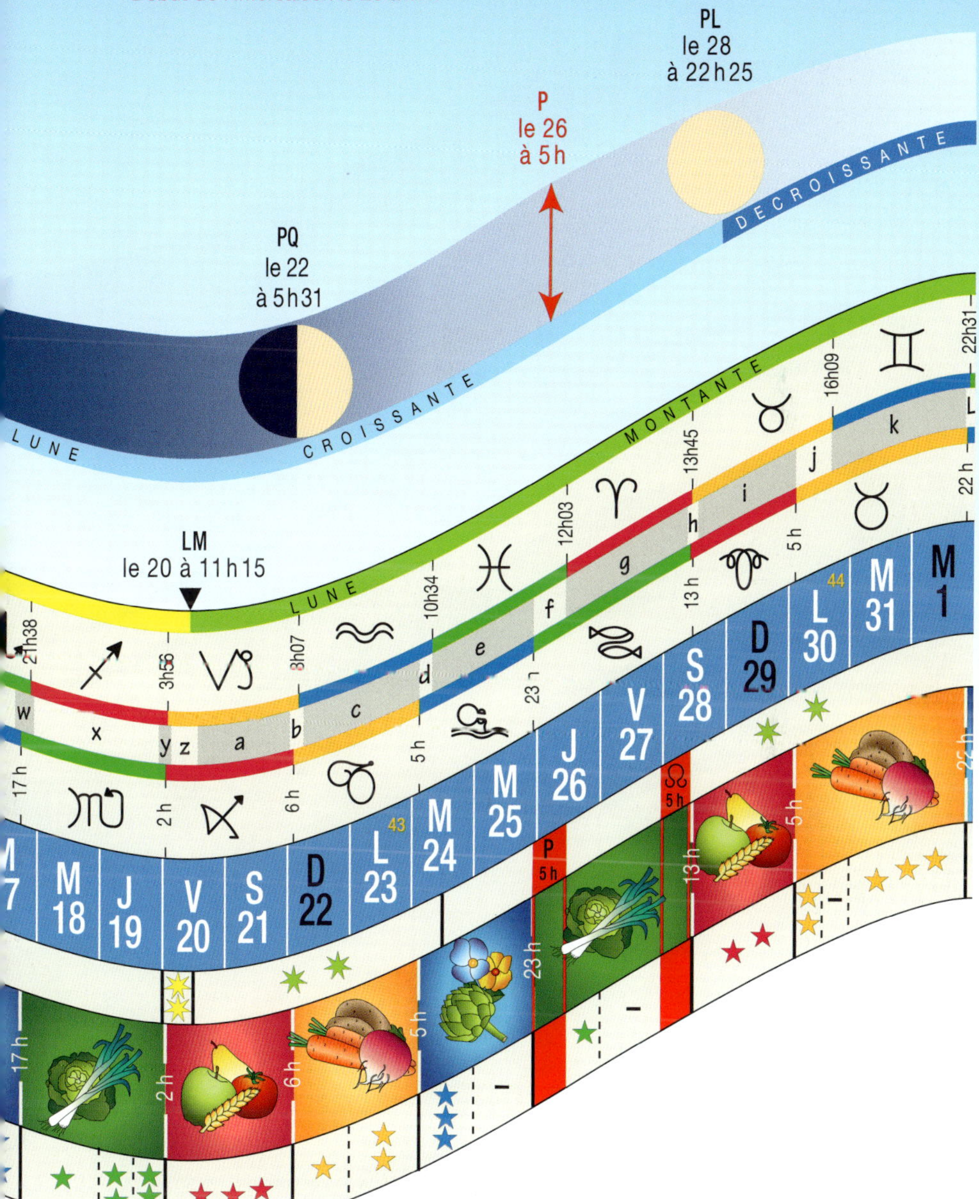

Éclipse de Soleil le 14 octobre et éclipse de Lune le 28 (voir p.11)

Le 16 ou le 17 sont des bons jours pour **planter des bulbes** (tulipes, jonquilles, crocus...)

NOVEMBRE

Début de l'hiver chinois le 7 à 17h

Le Soleil entre dans la constellation de la Balance le 1er

Tendances météo : voir note de l'auteur p.22.

- Du 1er au 5, même temps que fin octobre, contrasté selon les régions.
- Du 6 au 7, nuit froide dans certaines régions.
- Du 7 au 10, assez beau, humidité dans certaines régions. Vents froids possibles, notamment le 10.
- Du 11 au 19, globalement plus doux et humide, temps pouvant être agité notamment le 13.
- Du 20 au 25, temps variable, venté et humide selon les régions.
- Du 26 au 30, globalement plus froid, vents à la pluie, neige possible en montagne vers le 28.

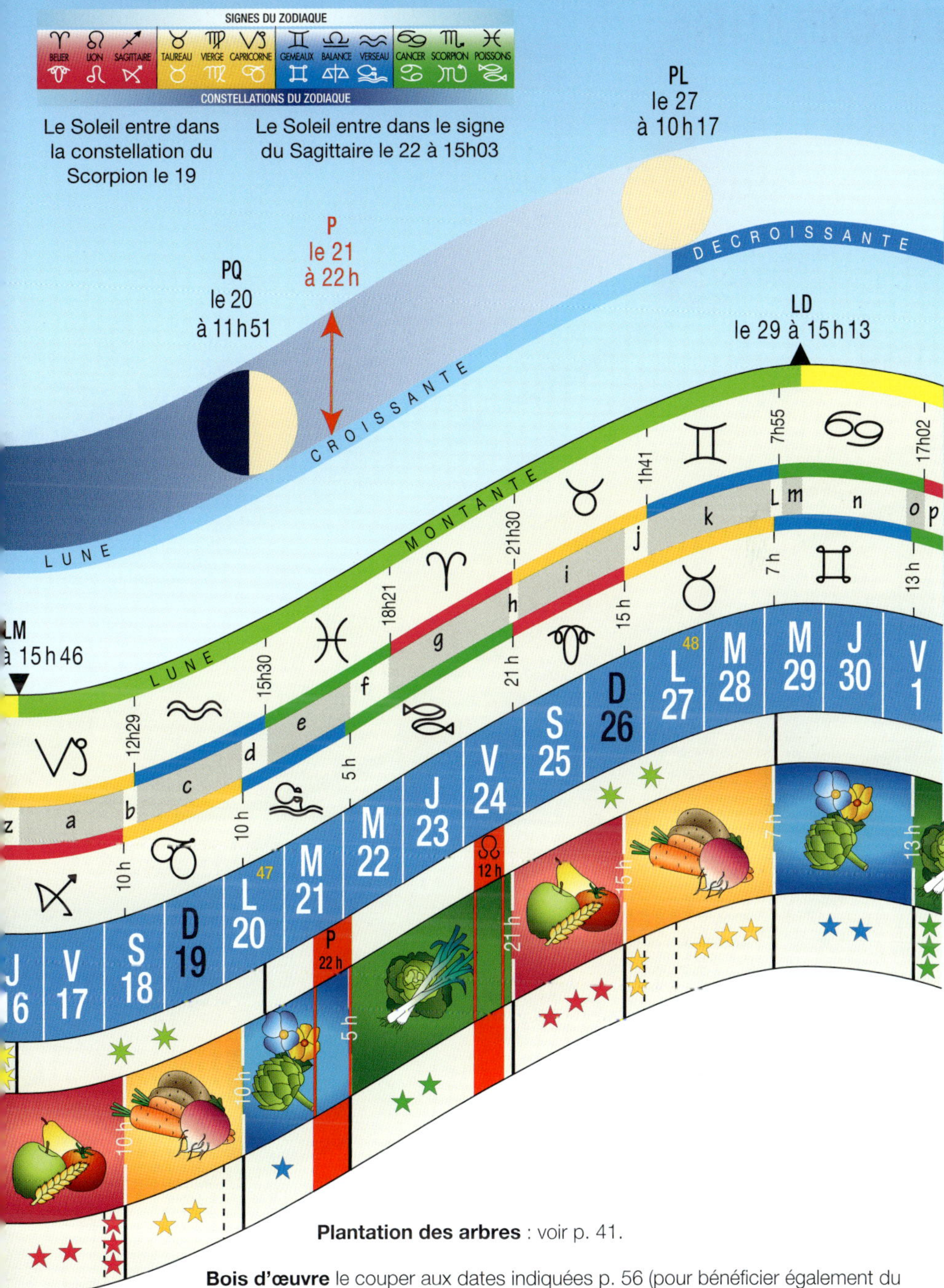

Plantation des arbres : voir p. 41.

Bois d'œuvre le couper aux dates indiquées p. 56 (pour bénéficier également du soleil descendant, couper le bois d'œuvre en novembre et décembre).

Conservation des racines : rechercher en priorité dans la ligne des « récoltes » les zones comportant deux étoiles jaunes. Par ex.: période du 6 au 10 novembre.

DÉCEMBRE

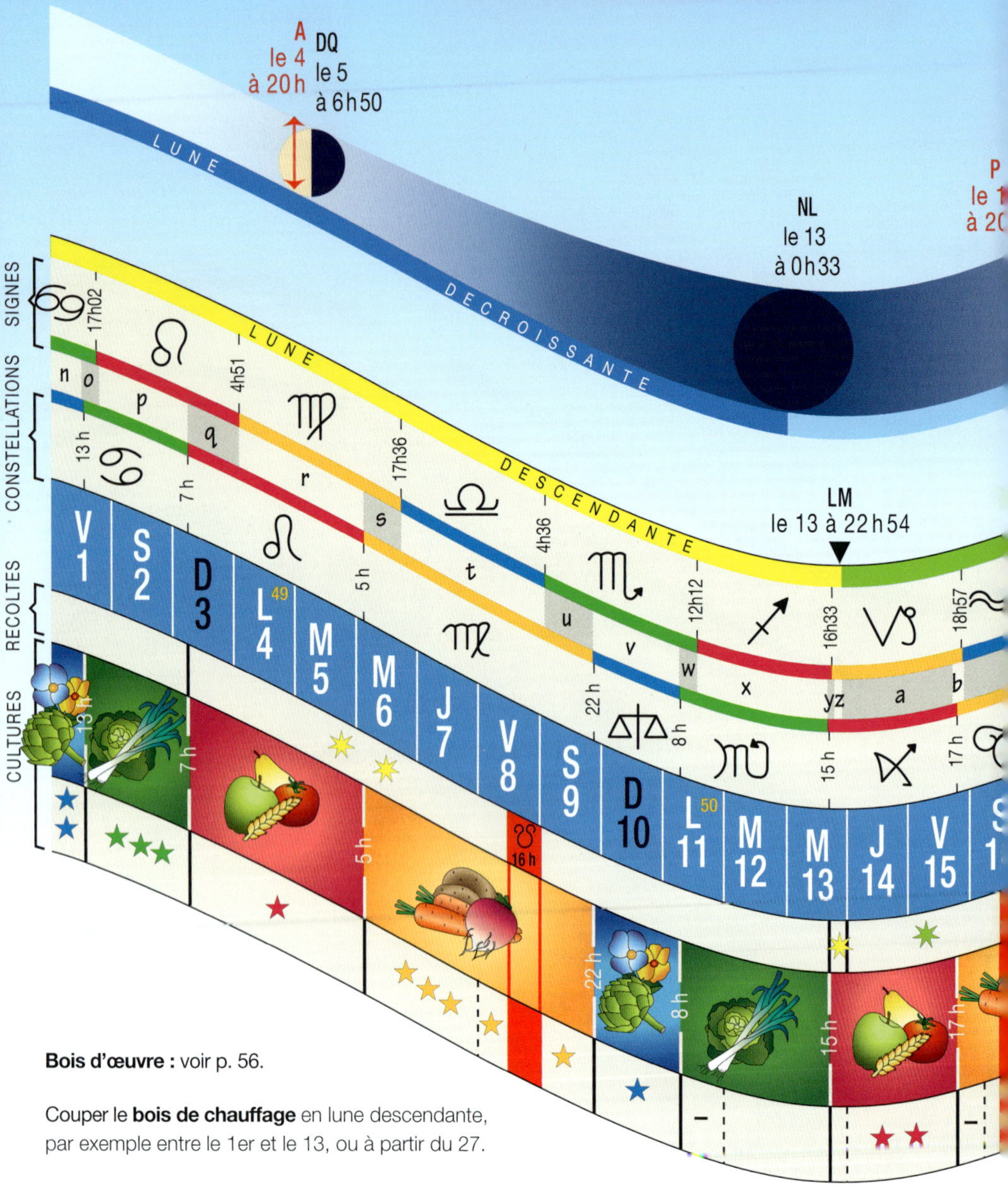

Bois d'œuvre : voir p. 56.

Couper le **bois de chauffage** en lune descendante, par exemple entre le 1er et le 13, ou à partir du 27.

D'après la tradition, c'est entre Noël et l'Épiphanie que l'on peut se faire une idée du temps des 12 mois à venir. Il faut noter avec un maximum de précision, plusieurs fois par jour et à heures fixes, le temps qu'il fait entre le 24/12 et le 6/1. En principe, le temps de janvier correspondra au 24 ou 25/12, celui de février au 25 ou 26/12 et ainsi de suite. On retiendra le 24 ou 25 décembre comme point de départ en fonction du temps qu'il fera en début d'année…

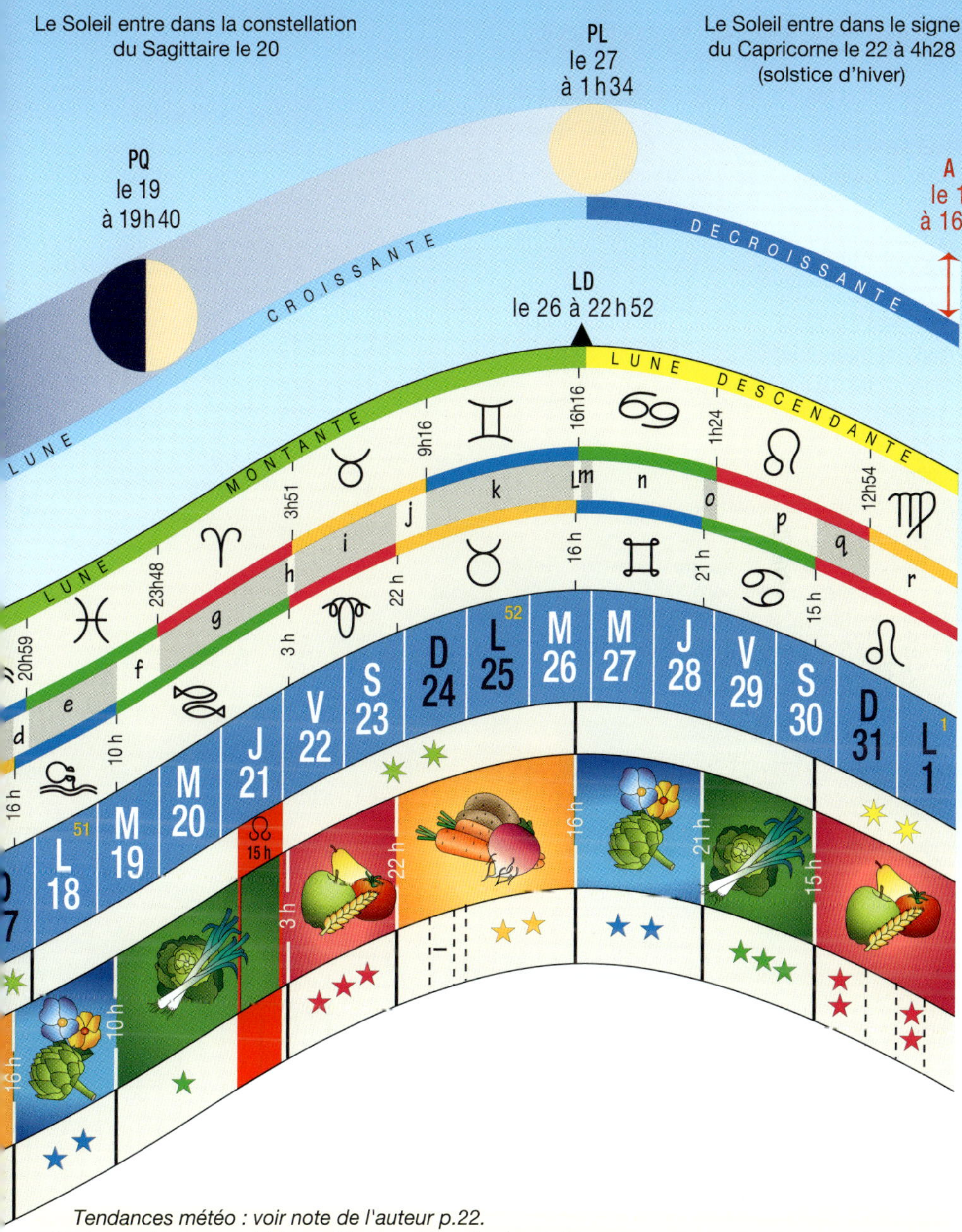

Tendances météo : voir note de l'auteur p.22.

- Du 1er au 4, temps variable, venté et humide selon les régions.

Neige en montagne possible vers le 3.

- Du 5 au 10, temps venté, frais et humide.

Neige possible en montagne, notamment vers le 6.

- Du 11 au 12, temps plus calme et léger redoux.
- Du 13 au 22, temps humide et venté, voire agité en alternance. Vers le 15, pluies voire neige.
- Du 23 au 25, vers un rafraîchissement et un temps plus sec.
- Du 26 au 31, plus froid dans certaines régions, venté et humide. Neige très probable.

Calcul des heures

Ce calendrier est établi en **heure légale française.**

Pour la France métropolitaine, la Belgique et la Suisse : toutes les données, été comme hiver, correspondent à l'heure de vos montres. Pour les autres pays, vous trouverez dans le tableau l'écart à déduire ou à ajouter pour obtenir l'heure légale du pays.

PAYS	**Du 1/01 au 25/03 Du 29/10 au 31/12**	**Du 26/03 au 28/10**
Polynésie française	- 11 h	- 12 h
Canada (Montréal)*	– 6 h*	– 6 h*
Martinique, Guadeloupe	– 5 h	– 6 h
Guyane	– 4 h	– 5 h
Sant-Pierre-et-Miquelon	– 4 h	– 4 h
Islande	– 1 h	– 2 h
Angleterre, les îles Canaries, Irlande, Maroc, Portugal	– 1 h	– 1 h
Algérie, Tunisie	0 h	– 1 h
Allemagne, Autriche, **Belgique**, Danemark, Espagne, Hongrie, Italie, **Luxembourg,** Norvège, Pays-Bas, Pologne, Slovaquie, Suède, **Suisse**, Tchéquie	0 h	0 h
Afrique du Sud, Égypte	+ 1 h	0 h
Bulgarie, Finlande, Grèce, Roumanie, Turquie	+ 1 h	+ 1 h
Djibouti	+ 2 h	+ 1 h
La Réunion	+ 3 h	+ 2 h
Japon	+ 8 h	+ 7 h
Nouvelle-Calédonie	+ 10 h	+ 9 h

* **Canada (Montréal)** du 12/03 au 25/03 et du 29/10 au 5/11 = - 5 h.

Utilisation des tableaux

(p. 26, 31, 32, 33, 38, 39, 47, 53, 55, 56, 62, 63, 64, 65, 67, 68)

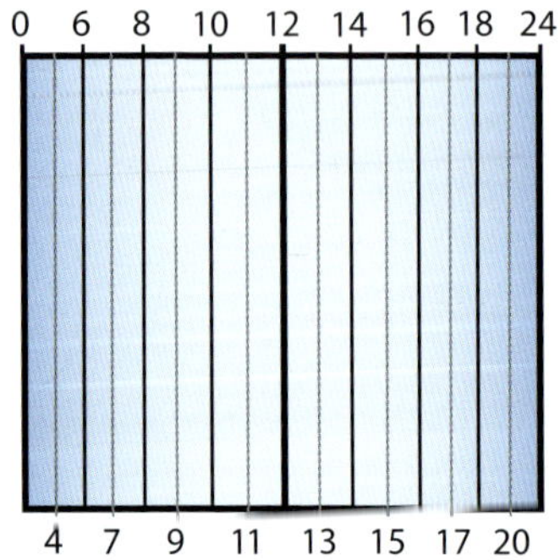

Dans les tableaux, chaque case (carré) représente une journée entière allant de 0 à 24 h. Le dessin ci-contre offre une idée précise du découpage horaire tel qu'il est établi dans ces cases. Ci-dessous, quelques exemples pour illustrer les différentes lectures possibles suivant les légendes :

 : Vert jusqu'à 0 h et jaune le reste de la journée.

 : Orange jusqu'à 17 h et blanc (neutre) le reste de la journée.

 : Violet jusqu'à 12 h et en même temps bleu toute la journée.

Pages notes

Grâce à une indication horaire plus précise, les pages notes offrent une lecture détaillée des informations proposées dans les courbes (p.72 à 95).

Découvrez-y également les horaires des effets de marée, lesquels vous permettront d'affiner vos pratiques et observations dans de nombreux domaines (voir explications p.19).

Horaires pour Paris des :
Heures de lever de Lune
Heures de coucher de Lune
(voir p.19 pour autres régions)

Période de lune montante ▲
Période de lune descendante ▼

Période de lune croissante Période de lune décroissante
avec phases lunaires : ● nouvelle lune / ◐ premier quartier / O pleine lune / ◑ dernier quartier

EFFETS DE MAREE *(voir explications p.19)*
Horaires en vert : début de l'effet de marée montante
zone verte = période d'effet de marée montante
Horaires en noir : début de l'effet de marée descendante
zone blanche = période d'effet de marée descendante

Synthèse des influences lunaires et planétaires
type de constellations, noeuds lunaires, périgée **P**, apogée **A**... *(légende p.70-71)*

Noeuds Planétaires : Mercure ☿, Vénus ♀, Mars ♂, Jupiter ♃ *(voir p.10)*
(exemple p.99, le 5 à 12h, nœud de Mercure ☊ ☿)

Numéro de semaine

Jour	Lever / coucher de Lune	Lune	Effets de marée	Synthèse
D 1	3h17 / 13h30	▲ CROISSANTE	4h15, 9h30, 14h30, 21h45	★★ ☊ 16h
L 2	4h30 / 13h51	▲	5h30, 10h15, 14h45, 22h45	★ 16h
M 3	5h42 / 14h16	▲	6h45, 11h00, 15h15, 23h30	★
M 4	6h52 / 14h48	▲	7h45, 11h45, 15h45, 0h15	★
J 5	7h55 / 15h30	▲	9h00, 12h45, 16h30, 1h15	15h
V 6	8h50 / 16h21	4h11 ▼ ; O 0h09	9h45, 13h30, 17h15, 2h00	★★★
S 7	9h35 / 17h21	▼ DECROISSANTE	10h30, 14h30, 18h15, 2h45	★★ 23h
D 8	10h09 / 18h27	▼	11h15, 15h15, 19h30	A 10h ★★ ★★★

1

JANVIER

Jour	Lune (heures)	Horaires	Repères
L 9	10h35 / 10h36	3h45 · 11h30 · 16h00 · 20h30	18h
M 10	10h56 / 20h44	4h30 · 12h00 · 16h45 · 21h45	
M 11	11h14 / 21h53	5h00 · 12h15 · 17h30 · 23h00	
J 12	11h29 / 23h01	5h45 · 12h30 · 18h15	16h
V 13	11h43	0h00 · 6h30 · 12h45 · 18h45	
S 14	0h10 / 11h57	1h15 · 7h15 · 13h00 · 19h30	
D 15	1h22 / 12h12	2h15 · 8h00 · 13h15 · 20h15	3h16
L 16	2h37 / 12h31	3h30 · 8h45 · 13h30 · 21h00	6h · ☊ 8h
M 17	3h57 / 12h54	5h00 · 9h30 · 14h00 · 22h00	15h
M 18	5h20 / 13h27	6h15 · 10h30 · 14h30 · 23h00	
J 19	6h42 / 14h13	7h45 · 11h30 · 15h15	19h · 6h06
V 20	7h55 / 15h17	0h00 · 9h00 · 12h30 · 16h15	
S 21	8h53 / 16h39	1h15 · 10h00 · 13h45 · 17h45	18h · 21h54
D 22	9h35 / 18h09	2h15 · 10h30 · 14h45 · 19h15	P 22h

DECROISSANTE

DECROISSANTE

2

3

4

Jour	Heures	Horaires	Notes
L 23	10h04 19h40	3h15 – 11h00 – 15h45 – 20h45	14h
M 24	10h27 21h07	4h15 – 11h30 – 16h45 – 22h00	
M 25	10h46 22h29	5h00 – 11h45 – 17h30 – 23h30	7h
J 26	11h02 23h48	6h00 – 12h00 – 18h15	
V 27	11h18	0h45 – 6h45 – 12h15 – 19h00	0h
S 28	1h04 11h35	2h00 – 7h30 – 12h30 – 19h45	◐ 16h20 ; ☊ 17h
D 29	2h19 11h55	3h15 – 8h15 – 13h00 – 20h30	22h
L 30	3h33 12h18	4h30 – 9h00 – 13h15 – 21h30	
M 31	4h44 12h48	5h45 – 9h45 – 13h45 – 22h15	
M 1	5h50 13h27	6h45 – 10h45 – 14h30 – 23h00	21h
J 2	6h47 14h15	7h45 – 11h30 – 15h15	9h18
V 3	7h34 15h13	0h00 – 8h30 – 12h30 – 16h15	
S 4	8h11 16h17	0h45 – 9h15 – 13h15 – 17h15	5h ; A 10h
D 5	8h40 17h26	1h30 – 9h45 – 14h00 – 18h30	○ 19h30 ; 0h ; ☋ ☿ 12 h

CROISSANTE

CROISSANTE

5

FÉVRIER

Jour	Heures	Repères	Lune
L 6 — 9h02 / 18h35	2h15, 10h00, 14h45, 19h30	0h	DECROISSANTE
M 7 — 9h20 / 19h44	3h00, 10h15, 15h30, 20h45		
M 8 — 9h35 / 20h53	3h45, 10h30, 16h15, 22h00	21h	
J 9 — 9h49 / 22h01	4h30, 10h45, 16h45, 23h00		
V 10 — 10h03 / 23h11	5h15, 11h00, 17h30, 0h15		
S 11 — 10h18	5h45, 11h15, 18h15, 1h30		
D 12 — 0h24 / 10h34	6h30, 11h30, 19h00, 2h45	☊ 9h, 13h	
L 13 — 1h40 / 10h55	7h30, 12h00, 19h45, 4h00	22h	◑ 17h02
M 14 — 2h59 / 11h22	8h15, 12h15, 20h45, 5h15		
M 15 — 4h20 / 12h00	9h15, 13h00, 21h45, 6h30	4h	
J 16 — 5h35 / 12h54	10h15, 14h00, 22h45, 7h45	15h34	DECROISSANTE
V 17 — 6h38 / 14h05	11h15, 15h00, 0h00, 8h30	5h	
S 18 — 7h26 / 15h31	12h30, 16h30, 1h00, 9h00		
D 19 — 8h01 / 17h02	13h30, 18h00	P 10h	

6

7

Jour	Heures	Créneaux	Repères
L 20	8h27 / 18h32	2h00, 9h30, 14h30, 19h30	8h07, 1h
M 21	8h47 / 19h59	2h45, 9h45, 15h15, 21h00	17h
M 22	9h05 / 21h22	3h45, 10h00, 16h00, 22h15	
J 23	9h21 / 22h42	4h30, 10h15, 17h00, 23h45	
V 24	9h38	5h15, 10h45, 17h45	9h, Ω 20h
S 25	0h01 / 9h57	1h00, 6h00, 11h00, 18h30	
D 26	1h18 / 10h19	2h15, 7h00, 11h15, 19h15	6h
L 27	2h32 / 10h47	3h30, 7h45, 11h45, 20h15	9h07
M 28	3h41 / 11h23	4h45, 8h30, 12h30, 21h00	
M 1	4h42 / 12h08	5h45, 9h30, 13h15, 21h45	3h, 15h07
J 2	5h33 / 13h03	6h30, 10h15, 14h00, 22h45	
V 3	6h13 / 14h06	7h15, 11h00, 15h00, 23h30	12h, A 19h
S 4	6h44 / 15h14	7h45, 12h00, 16h15	
D 5	7h08 / 16h24	0h15, 8h15, 12h45, 17h30	6h

CROISSANTE

CROISSANTE

8

9

MARS

Jour	Heures	Lune	Notes
L 6	1h00, 8h30, 13h30, 18h30	7h27 / 17h33	
M 7	1h45, 8h45, 14h00, 19h45	7h43 / 18h43	○ 13h42 — 3h
M 8	2h30, 9h00, 14h45, 20h45	7h57 / 19h52	
J 9	3h15, 9h15, 15h30, 22h00	8h11 / 21h02	
V 10	3h45, 9h30, 16h15, 23h15	8h25 / 22h15	
S 11	4h30, 9h45, 17h00	8h40 / 23h30	☋ 10h — 19h
D 12	0h30, 5h15, 10h00, 17h45	8h59	4h
L 13	1h45, 6h15, 10h30, 18h30	0h48 / 9h24	
M 14	3h00, 7h00, 11h00, 19h30	2h07 / 9h57	☊ ♀ 19 h — ◑ 3h09
M 15	4h30, 8h00, 11h45, 20h30	3h23 / 10h43	11h — 22h41
J 16	5h30, 9h00, 12h45, 21h30	4h29 / 11h46	
V 17	6h15, 10h15, 14h00, 22h45	5h21 / 13h03	13h
S 18	7h00, 11h15, 15h30, 23h45	5h59 / 14h30	
D 19	7h30, 12h00, 17h00	6h27 / 15h59	11h — P 16h

DECROISSANTE

DECROISSANTE

10

11

MARS

Jour	Heures	Heures	Notes
L 20	6h49 17h26	0h30 7h45 13h00 18h30	4h
M 21	7h07 18h51	1h30 8h00 13h45 19h45	18h24
M 22	7h24 20h13	2h15 8h30 14h45 21h15	
J 23	7h40 21h34	3h00 8h45 15h30 22h30	19h
V 24	7h58 22h54	4h00 9h00 16h15 0h00	☊ 3h
S 25	8h19	4h45 9h15 17h00	15h
D 26	0h12 9h45	1h15 6h30 10h45 19h00	—
L 27	2h26 10h18	3h30 7h30 11h15 19h45	— ; ☊☿ 6 h
M 28	3h33 11h00	4h30 8h15 12h00 20h45	19h ; 4h34
M 29	4h29 11h52	5h30 9h15 12h45 21h30	23h28
J 30	5h13 12h53	6h15 10h00 14h00 22h30	20h
V 31	5h47 14h00	6h45 10h45 15h00 23h15	A ; 13h

AVRIL

Jour	Heures	Heures	Notes
S 1	6h13 15h09	7h15 11h45 16h15 0h00	14h
D 2	6h33 16h19	7h30 12h15 17h15	

CROISSANTE

CROISSANTE

12

13

AVRIL

Jour	Heures	Horaires	Repères
L 3	6h50 / 17h29	0h45 · 7h45 · 13h00 · 18h30	CROISSANTE
M 4	7h04 / 18h38	1h30 · 8h00 · 13h45 · 19h45	12h
M 5	7h18 / 19h49	2h00 · 8h15 · 14h30 · 20h45	
J 6	7h32 / 21h02	2h45 · 8h30 · 15h15 · 22h00	○ 6h36
V 7	7h47 / 22h17	3h30 · 8h45 · 15h45 · 23h15	☊ 16h 2h
S 8	8h05 / 23h36	4h15 · 9h00 · 16h45	DECROISSANTE
D 9	8h27	0h30 · 5h00 · 9h30 · 17h30	11h

Jour	Heures	Horaires	Repères
L 10	0h57 / 8h57	2h00 · 6h00 · 10h00 · 18h30	
M 11	2h15 / 9h39	3h15 · 7h00 · 10h45 · 19h30	18h · 5h11
M 12	3h24 / 10h36	4h30 · 8h00 · 11h30 · 20h30	
J 13	4h19 / 11h49	5h15 · 9h00 · 12h45 · 21h30	◑ 11h13 · 21h
V 14	5h00 / 13h11	6h00 · 10h00 · 14h15 · 22h30	DECROISSANTE
S 15	5h30 / 14h37	6h30 · 11h00 · 15h30 · 23h30	20h
D 16	5h53 / 16h02	7h00 · 11h45 · 17h00	P 4h

DÉCROISSANTE

Jour			Heures				Repères
L 17	6h12	17h25	0h15	7h15	12h45	18h30	14h
M 18	6h29	18h47	1h00	7h30	13h30	19h45	
M 19	6h44	20h07	2h00	7h45	14h15	21h00	
J 20	7h01	21h28	2h45	8h00	15h00	22h30	● 6h14 ; 6h ; ☊ 14h
V 21	7h20	22h48	3h30	8h15	16h00	23h45	1h
S 22	7h44		4h15	8h45	16h45		
D 23	0h05	8h13	1h00	5h15	9h15	17h45	
L 24	1h17	8h52	2h15	6h00	9h45	18h30	20h
M 25	2h18	9h41	3h15	7h00	10h45	19h30	7h54
M 26	3h08	10h39	4h15	8h00	11h45	20h15	
J 27	3h47	11h44	4h45	8h45	12h45	21h00	4h ; ◐ 23h21
V 28	4h15	12h53	5h15	9h30	14h00	22h00	A 9h ; 22h
S 29	4h38	14h03	5h45	10h15	15h00	22h30	
D 30	4h56	15h12	6h00	11h00	16h15	23h15	

CROISSANTE

CROISSANTE

17

MAI

Jour	Lune (lever / coucher)	Heures	Indications
L 1	5h11 / 16h21	6h15 – 11h45 – 17h15	★★★ (rouge) – 20h
M 2	5h25 / 17h31	0h00 – 6h30 – 12h15 – 18h30	★★ (orange)
M 3	5h38 / 18h43	0h45 – 6h45 – 13h00 – 19h45	
J 4	5h53 / 19h58	1h30 – 7h00 – 13h45 – 21h00	— ; ☊☿ 12h ; ☊ 0h
V 5	6h09 / 21h17	2h15 – 7h15 – 14h30 – 22h15	10h – ★★★ (bleu) ; ○ 19h35
S 6	6h30 / 22h39	3h00 – 7h30 – 15h30 – 23h45	★★ (bleu) – 18h
D 7	6h58	4h00 – 8h00 – 16h15	—
L 8	0h01 / 7h36	1h00 – 4h45 – 8h30 – 17h15	★★★ (vert) – 0h
M 9	1h15 / 8h29	2h15 – 6h00 – 9h30 – 18h30	★★ (rouge) ; 10h58
M 10	2h16 / 9h38	3h15 – 7h00 – 10h45 – 19h30	★★★ (rouge) – 2h
J 11	3h02 / 10h58	4h00 – 8h00 – 12h00 – 20h30	P 7h ; ★★ (orange)
V 12	3h35 / 12h24	4h30 – 9h00 – 13h30 – 21h30	★ ★★ ★★ (orange) – 1h ; ◑ 16h29
S 13	3h59 / 13h48	5h00 – 9h45 – 14h45 – 22h15	★★ (bleu)
D 14	4h19 / 15h10	5h15 – 10h30 – 16h15 – 23h00	20h

CROISSANTE (1–9) / DECROISSANTE

Semaines : 18, 19

MAI

L 15	4h35 16h30	DÉCROISSANTE	5h30 11h30 17h30 23h45	★ ★ ★
M 16	4h51 17h49		5h45 12h15 18h45	
M 17	5h07 19h07		0h30 6h00 13h00 20h00	★ 14h 22h
J 18	5h24 20h26		1h15 6h30 13h45 21h30	★
V 19	5h45 21h44	● 17h54	2h15 6h45 14h30 22h45	10h
S 20	6h12 22h58	CROISSANTE	3h00 7h15 15h30	—
D 21	6h46		0h00 4h00 7h45 16h15	
L 22	0h05 7h31	16h08	1h00 4h45 8h30 17h15	5h
M 23	1h00 8h26		2h00 5h45 9h30 18h15	★ ★ ★
M 24	1h44 9h29		2h45 6h30 10h30 19h00	12h
J 25	2h16 10h37		3h15 7h30 11h30 19h45	★ ★
V 26	2h41 11h47		3h45 8h15 12h45 20h30	A 4h 7h ★
S 27	3h00 12h56	◐ 17h23	4h00 9h00 14h00 21h15	★ ★
D 28	3h16 14h04		4h15 9h30 15h00 22h00	★ ★ ★

20

21

MAI	**L 29**	3h30 15h13	4h30 10h15 16h15 22h30	4h
	M 30	3h44 16h23	4h45 11h00 17h30 23h15	
	M 31	3h58 17h36	5h00 11h45 18h30	
JUIN	**J 1**	4h13 18h53	0h00 5h15 12h30 20h00	8h 19h
	V 2	4h32 20h14	0h45 5h30 13h15 21h15	3h
	S 3	4h56 21h37	1h45 6h00 14h00 22h30	
	D 4	5h30 22h57	2h30 6h30 15h00 0h00	5h43
	L 5	6h18	3h45 7h15 16h15 1h00	8h 18h23
	M 6	0h06 7h23	4h45 8h30 17h15 2h00	P 1h
	M 7	0h59 8h42	5h45 9h45 18h15 2h30	9h
	J 8	1h37 10h09	6h45 11h15 19h15 3h00	
	V 9	2h04 11h35	7h45 12h30 20h15 3h30	7h
	S 10	2h25 12h59	8h30 14h00 21h00 3h45	21h33 2h
	D 11	2h42 14h19	9h30 15h15 21h45	

CROISSANTE

DECROISSANTE

DÉCROISSANTE — 6h38 ● — 23h06 — CROISSANTE

Jour	Lune (lever / coucher)	Horaires	Repères
L 12	2h58 / 15h37	4h00 · 10h15 · 16h30 · 22h30	★ ★
M 13	3h13 / 16h55	4h15 · 11h00 · 18h00 · 23h15	★ · 20h
M 14	3h30 / 18h12	4h30 · 11h45 · 19h15 · 0h00	☊ 2h · ★
J 15	3h50 / 19h29	4h45 · 12h30 · 20h30 · 1h00	★ ★ · 17h
V 16	4h14 / 20h44	5h15 · 13h15 · 21h45 · 1h45	★ · —
S 17	4h45 / 21h53	5h45 · 14h15 · 23h00 · 2h45	★ ★
D 18	5h25 / 22h52	6h30 · 15h00 · 23h45 · 3h30	● 6h38 · 12h

Jour	Lune (lever / coucher)	Horaires	Repères
L 19	6h16 / 23h40	7h15 · 16h00 · 0h45 · 4h30	23h06 · ★
M 20	7h17	8h15 · 16h45 · 1h15 · 5h15	20h
M 21	0h16 / 8h24	9h30 · 17h45 · 1h45 · 6h00	★
J 22	0h43 / 9h33	10h30 · 18h30 · 2h00	★ ★ · 14h · A ★ ★
V 23	1h05 / 10h42	6h45 · 11h45 · 19h15 · 2h15	20h · — · ★ · ☊ ☿ 5h
S 24	1h22 / 11h50	7h30 · 12h45 · 19h45 · 2h30	★ ★ ★
D 25	1h36 / 12h58	8h15 · 14h00 · 20h30	12h · ★

Mois	Jour	Lune (lever / coucher)	Horaires	Repères
JUIN	L 26	1h49 / 14h06	2h45 – 8h45 – 15h00 – 21h15	◐ 9h51
	M 27	2h03 / 15h16	3h00 – 9h30 – 16h15 – 22h00	
	M 28	2h17 / 16h29	3h15 – 10h15 – 17h30 – 22h30	☋ 14h ; 4h
	J 29	2h34 / 17h47	3h30 – 11h00 – 18h45 – 23h30	
	V 30	2h55 / 19h09	4h00 – 11h45 – 20h15	13h
JUILLET	S 1	3h23 / 20h31	0h15 – 4h30 – 12h45 – 21h30	
	D 2	4h04 / 21h47	1h15 – 5h00 – 13h45 – 22h45	18h ; 3h28
	L 3	5h02 / 22h48	2h30 – 6h00 – 15h00 – 23h45	○ 13h40
	M 4	6h17 / 23h33	3h30 – 7h15 – 16h00	☋ ♀ 9h ; 18h
	M 5	7h44	0h30 – 4h30 – 8h45 – 17h00	P 0h
	J 6	0h05 / 9h14	1h00 – 5h30 – 10h15 – 18h00	14h
	V 7	0h29 / 10h42	1h30 – 6h30 – 11h45 – 19h00	
	S 8	0h48 / 12h06	1h45 – 7h15 – 13h00 – 19h45	8h
	D 9	1h04 / 13h26	2h00 – 8h00 – 14h30 – 20h30	

CROISSANTE

DECROISSANTE

27

28

Jour	Lever / coucher	Horaires	Repères
L 10	1h20 / 14h45	2h15 – 9h00 – 15h45 – 21h15	1h
M 11	1h36 / 16h02	2h30 – 9h45 – 17h00 – 22h00	3h
M 12	1h55 / 17h19	3h00 – 10h30 – 18h15 – 22h45	22h
J 13	2h17 / 18h34	3h15 – 11h15 – 19h30 – 23h45	
V 14	2h46 / 19h44	3h45 – 12h15 – 20h45 – 0h30	
S 15	3h23 / 20h46	4h30 – 13h00 – 21h45 – 1h30	19h
D 16	4h10 / 21h37	5h15 – 14h00 – 22h30 – 2h15	
L 17	5h08 / 22h17	6h15 – 14h45 – 23h15 – 3h15	2h
M 18	6h13 / 22h46	7h15 – 15h30 – 23h45 – 4h00	
M 19	7h22 / 23h09	8h15 – 16h30 – 0h15 – 4h45	21h
J 20	8h31 / 23h27	9h30 – 17h00 – 0h30 – 5h30	A 9h
V 21	9h39 / 23h42	10h45 – 17h45 – 0h45 – 6h15	
S 22	10h47 / 23h56	11h45 – 18h30 – 1h00 – 6h45	19h
D 23	11h54	13h00 – 19h15	

3h49

DÉCROISSANTE

20h33

4h39

CROISSANTE

29

JUILLET

CROISSANTE — 0h08 ◐ — 13h15

Jour	Lever / Coucher	Horaires	Notes
L 24	0h09 / 13h02	1h15, 7h30, 14h00, 19h45	★ ★
M 25	0h22 / 14h12	1h15, 8h15, 15h15, 20h30	☋ 17h
M 26	0h37 / 15h26	1h30, 8h45, 16h30, 21h15	13h
J 27	0h55 / 16h44	2h00, 9h45, 17h45, 22h00	★ ★ ★ — 22h
V 28	1h20 / 18h05	2h15, 10h30, 19h00, 23h00	★ ★
S 29	1h53 / 19h23	3h00, 11h30, 20h30, 0h00	★ ★ — 4h
D 30	2h41 / 20h31	3h45, 12h30, 21h30	★ ★ ★
L 31	3h48 / 21h24	1h15, 4h45, 13h45, 22h30	☋ ☿ 12h — ★ — 4h

AOUT

DECROISSANTE — 20h33 ○

Jour	Lever / Coucher	Horaires	Notes
M 1	5h11 / 22h02	2h15, 6h15, 14h45, 23h00	★ ★
M 2	6h42 / 22h30	3h15, 7h45, 15h45, 23h30	P 8h — ★ ★ — 0h
J 3	8h14 / 22h51	4h15, 9h15, 16h45, 23h45	★ ★
V 4	9h43 / 23h09	5h15, 10h45, 17h30	16h
S 5	11h07 / 23h25	0h15, 6h00, 12h00, 18h30	★ ★
D 6	12h29 / 23h41	0h30, 6h45, 13h30, 19h15	★

AOÛT

Jour	Heures (lune)	Périodes	Notes
L 7	13h49 23h59	0h45 7h30 14h45 20h00	☊ 5h, 8h
M 8	15h08	1h00 8h30 16h15 20h45	◐ 12h30; 4h
M 9	0h21 16h25	1h15 9h15 17h30 21h45	
J 10	0h47 17h37	1h45 10h00 18h30 22h30	
V 11	1h22 18h42	2h15 11h00 19h45 23h30	0h
S 12	2h06 19h36	3h00 11h45 20h30 0h15	9h36
D 13	3h01 20h18	4h00 12h45 21h15 1h15	
L 14	4h04 20h50	5h00 13h30 21h45 2h00	8h
M 15	5h12 21h15	6h15 14h15 22h15 2h45	3h
M 16	6h21 21h34	7h15 15h00 22h30 3h30	● 11h39; A 14h
J 17	7h30 21h50	8h30 15h45 22h45 4h15	
V 18	8h38 22h03	9h45 16h30 23h00 4h45	1h
S 19	9h45 22h16	10h45 17h00 23h15 5h30	
D 20	10h52 22h29	11h45 17h45 23h30	

DÉCROISSANTE

CROISSANTE

33

AOUT

Jour	Heures	Périodes	Repères
L 21	12h01 / 22h43	6h00, 13h00, 18h30, 23h45	♉ 18h
M 22	13h13 / 22h59	6h45, 14h15, 19h15	20h
M 23	14h28 / 23h20	0h00, 7h30, 15h30, 20h00	
J 24	15h46 / 23h48	0h15, 8h30, 16h45, 20h45	6h; ◐ 11h58; —
V 25	17h03	0h45, 9h15, 18h00, 21h45	
S 26	0h28 / 18h14	1h30, 10h15, 19h15, 22h45	13h; 22h19
D 27	1h24 / 19h12	2h30, 11h15, 20h15	
L 28	2h38 / 19h56	0h00, 3h45, 12h30, 21h00	15h
M 29	4h05 / 20h28	1h00, 5h00, 13h30, 21h30	
M 30	5h37 / 20h52	2h00, 6h30, 14h30, 21h45	11h; P 18h; ○ 3h37
J 31	7h09 / 21h11	3h00, 8h15, 15h15, 22h15	3h

SEPTEMBRE

Jour	Heures	Périodes	Repères
V 1	8h37 / 21h28	3h45, 9h30, 16h15, 22h30	
S 2	10h03 / 21h45	4h30, 11h00, 17h00, 22h45	
D 3	11h27 / 22h02	5h30, 12h30, 17h45, 23h00	♌ 10h, 17h

CROISSANTE

CROISSANTE

DECROISSANTE

35

SEPTEMBRE

Jour	Lune	Horaires	Repères
L 4	12h49 / 22h23	6h15 · 13h45 · 18h45 · 23h30	
M 5	14h09 / 22h48	7h00 · 15h15 · 19h30 · 23h45	11h
M 6	15h26 / 23h20	8h00 · 16h30 · 20h30 · 0h15	0h22 ◑
J 7	16h35	9h00 · 17h30 · 21h15	
V 8	0h01 / 17h34	1h00 · 9h45 · 18h30 · 22h15	6h · 15h14
S 9	0h53 / 18h20	2h00 · 10h45 · 19h15 · 23h00	
D 10	1h54 / 18h54	3h00 · 11h30 · 20h00 · 0h00	14h
L 11	3h01 / 19h21	4h00 · 12h15 · 20h15 · 0h45	
M 12	4h11 / 19h41	5h15 · 13h00 · 20h45	9h · A 18h
M 13	5h20 / 19h57	1h30 · 6h15 · 13h45 · 21h00	
J 14	6h28 / 20h11	2h15 · 7h30 · 14h30 · 21h15	3h41 ●
V 15	7h36 / 20h24	2h45 · 8h30 · 15h00 · 21h30	7h
S 16	8h44 / 20h37	3h30 · 9h45 · 15h45 · 21h30	
D 17	9h53 / 20h50	4h00 · 11h00 · 16h30 · 21h45	♉ 21h

DECROISSANTE · CROISSANTE · DECROISSANTE · CROISSANTE

37

SEPTEMBRE

Jour	Heures	Horaires	Repères
L 18	11h04 / 21h06	4h45 · 12h00 · 17h15 · 22h00	★ · 1h
M 19	12h17 / 21h25	5h30 · 13h15 · 18h00 · 22h30	★ · ☊ ☿ 4h
M 20	13h34 / 21h49	6h15 · 14h30 · 18h45 · 22h45	★ ★★ · 12h
J 21	14h50 / 22h24	7h15 · 15h45 · 19h45 · 23h30	★ ★
V 22	16h03 / 23h12	8h00 · 17h00 · 20h45	20h
S 23	17h04	0h15 · 9h00 · 18h00 · 21h45	★
D 24	0h17 / 17h52	1h15 · 10h15 · 18h45 · 22h45	★ ★ · 23h
L 25	1h37 / 18h27	2h30 · 11h15 · 19h30 · 23h45	★ ★
M 26	3h04 / 18h53	4h00 · 12h15 · 20h00	21h
M 27	4h34 / 19h13	0h30 · 5h30 · 13h00 · 20h15	★ ★ ★
J 28	6h03 / 19h31	1h30 · 7h00 · 14h00 · 20h30	P 3h 13h
V 29	7h30 / 19h48	2h15 · 8h30 · 14h45 · 20h45	★ ★
S 30	8h55 / 20h05	3h15 · 10h00 · 15h45 · 21h00	★ · ☊ 19h · 3h
D 1	10h20 / 20h24	4h00 · 11h15 · 16h30 · 21h30	★ ★

CROISSANTE · 5h37 · ◐ 21h33 · CROISSANTE · ○ 11h59 · DÉCROISSANTE

Jour	Lever / coucher	Horaires	Repères
L 2	11h44 / 20h47	5h00, 12h45, 17h15, 21h45	★ ★ 21h
M 3	13h06 / 21h16	5h45, 14h00, 18h15, 22h15	— ★
M 4	14h21 / 21h54	6h45, 15h15, 19h15, 23h00	★ ★ ★
J 5	15h26 / 22h43	7h30, 16h30, 20h00, 23h45	14h
V 6	16h17 / 23h42	8h30, 17h15, 21h00, 0h45	22h31 · 15h49 ◑ · ★ ★ ★
S 7	16h56	9h30, 18h00, 21h45, 1h45	★ ★ ★ 21h
D 8	0h49 / 17h25	10h15, 18h30, 22h45, 3h00	★ ★ ★

Jour	Lever / coucher	Horaires	Repères
L 9	1h58 / 17h47	11h00, 18h45, 23h30, 4h15	15h
M 10	3h08 / 18h05	11h45, 19h00, 0h00, 5h15	A 6h ★★
M 11	4h17 / 18h19	12h30, 19h15, 0h45, 6h30	★ ★
J 12	5h25 / 18h32	13h00, 19h30, 1h30, 7h30	14h
V 13	6h33 / 18h45	13h45, 19h45, 2h00, 8h45	★
S 14	7h41 / 18h58	14h30, 20h00, 2h45	19h56 ●
D 15	8h52 / 19h13	9h45, 15h15, 20h15	☋ 3h

DECROISSANTE

DECROISSANTE

OCTOBRE

42

Jour	Lever / coucher	Horaires	Repères
L 16	10h06 / 19h30	3h30 · 11h00 · 16h00 · 20h30	7h
M 17	11h23 / 19h53	4h15 · 12h30 · 16h45 · 21h00	17h
M 18	12h40 / 20h25	5h15 · 13h45 · 17h30 · 21h30	
J 19	13h55 / 21h08	6h00 · 15h00 · 18h30 · 22h15	2h
V 20	14h59 / 22h07	7h00 · 16h00 · 19h30 · 23h00	11h15
S 21	15h50 / 23h21	8h00 · 16h45 · 20h30	
D 22	16h28	0h15 · 9h00 · 17h30 · 21h30	6h · ◐ 5h31

43

Jour	Lever / coucher	Horaires	Repères
L 23	0h44 / 16h56	1h45 · 10h00 · 18h00 · 22h30	5h
M 24	2h10 / 17h17	3h15 · 11h00 · 18h15 · 23h15	
M 25	3h36 / 17h35	4h30 · 11h45 · 18h30	☊ ♀ 12h · 23h
J 26	5h01 / 17h52	0h15 · 6h00 · 12h30 · 18h45	P 5h
V 27	6h25 / 18h08	1h00 · 7h30 · 13h30 · 19h15	☋ ☿ 11h
S 28	7h49 / 18h25	1h45 · 0h45 · 14h15 · 19h30	☊ 5h · 13h · ○ 22h25
D 29	8h13 / 17h46	2h45 · 9h15 · 14h00 · 18h45	

CROISSANTE

CROISSANTE

NOVEMBRE

Jour	Lever / coucher	Horaires	Notes
L 30	9h37 / 18h13	2h30 – 10h30 – 15h00 – 19h15	5h
M 31	10h58 / 18h47	3h30 – 12h00 – 16h00 – 19h45	
M 1	12h09 / 19h32	4h30 – 13h15 – 17h00 – 20h30	22h
J 2	13h08 / 20h28	5h15 – 14h15 – 17h45 – 21h30	6h16
V 3	13h53 / 21h33	6h15 – 15h00 – 18h45 – 22h30	4h
S 4	14h27 / 22h43	7h00 – 15h30 – 19h30 – 23h45	
D 5	14h51 / 23h53	8h00 – 15h45 – 20h15	◑ 9h38 ; 22h
L 6	15h10	1h00 – 8h45 – 16h15 – 21h00	A 23h ; ☋♂ 17h
M 7	1h02 / 15h26	2h00 – 9h15 – 16h30 – 21h45	
M 8	2h10 / 15h39	3h15 – 10h00 – 16h45 – 22h15	21h
J 9	3h18 / 15h52	4h15 – 10h45 – 16h45 – 23h00	
V 10	4h26 / 16h05	5h30 – 11h15 – 17h00 – 23h45	
S 11	5h36 / 16h19	6h30 – 12h00 – 17h15	☋ 10h
D 12	6h50 / 16h36	0h30 – 7h45 – 12h45 – 17h30	14h

DECROISSANTE

DECROISSANTE

45

NOVEMBRE

Jour	Heures	Lune	Horaires	Repères
L 13	8h06 16h57		1h15 9h00 13h30 18h00	23h
M 14	9h26 17h25		2h00 10h30 14h30 18h30	
M 15	10h43 18h05		3h00 11h45 15h30 19h00	★
J 16	11h52 19h00	15h46	4h00 12h45 16h30 20h00	7h
V 17	12h48 20h11	CROISSANTE	5h00 13h45 17h30 21h15	★ ★
S 18	13h30 21h31		6h00 14h30 18h30 22h30	★★★ 10h
D 19	14h00 22h56		7h00 15h00 19h30 0h00	★ ★
L 20	14h23		7h45 15h30 20h15	10h
M 21	0h21 14h41		1h15 8h45 15h45 21h00	★ P 22h
M 22	1h44 14h57		2h45 9h30 16h00 22h00	5h
J 23	3h05 15h13	CROISSANTE	4h00 10h15 16h15 22h45	★ ★
V 24	4h26 15h29		5h30 11h00 16h30 23h30	☊ 12h 21h
S 25	5h48 15h48		6h45 12h00 16h45 0h15	★ ★ ★
D 26	7h11 16h11		8h15 12h45 17h15	15h ★★

NOVEMBRE

Jour	Heures	Repères	Notes
L 27 (8h32 / 16h42)	1h15, 9h30, 13h45, 17h45	10h17 ○	48
M 28 (9h48 / 17h22)	2h15, 10h45, 14h30, 18h15		
M 29 (10h54 / 18h14)	3h00, 12h00, 15h30, 19h15	7h	15h13
J 30 (11h46 / 19h16)	4h00, 12h45, 16h30, 20h15		DÉCROISSANTE

DÉCEMBRE

Jour	Heures	Repères	Notes
V 1 (12h24 / 20h25)	5h00, 13h30, 17h30, 21h30	13h	
S 2 (12h53 / 21h36)	5h45, 14h00, 18h15, 22h30		
D 3 (13h14 / 22h46)	6h30, 14h15, 19h00, 23h45	7h	
L 4 (13h31 / 23h55)	7h15, 14h30, 19h45	A	49
M 5 (13h45)	1h00, 8h00, 14h45, 20h15	20h	6h50 ◑
M 6 (1h02 / 13h58)	2h00, 8h30, 15h00, 21h00	5h	
J 7 (2h09 / 14h11)	3h15, 9h15, 15h15, 21h30		DÉCROISSANTE
V 8 (3h18 / 14h24)	4h15, 10h00, 15h30, 22h15	☊ 16h	
S 9 (4h29 / 14h39)	5h30, 10h45, 15h45, 23h00	22h	
D 10 (5h44 / 14h58)	6h45, 11h30, 16h00, 23h45		

DÉCEMBRE

Jour	Lever / coucher	Lune	Horaires	Repères
L 11	7h03 / 15h24	DÉCROISSANTE	8h00, 12h15, 16h30, 0h45	★ 8h, —
M 12	8h23 / 15h59	0h33 (nouvelle lune ●)	9h30, 13h15, 17h00, 1h45	
M 13	9h38 / 16h49	22h54	10h45, 14h15, 17h45, 2h45	15h
J 14	10h41 / 17h56	CROISSANTE	11h45, 15h15, 19h00, 3h45	★ ★
V 15	11h28 / 19h16		12h30, 16h15, 20h15, 4h45	17h, —
S 16	12h03 / 20h42		13h00, 17h15, 21h45	P 20h ; ☊☿ 2 h
D 17	12h28 / 22h09		5h45, 13h30, 18h15, 23h15	★ ★ 16h
L 18	12h48 / 23h33		6h45, 13h45, 19h00	★ ★
M 19	13h04	19h40 (premier quartier ◐)	0h30, 7h30, 14h00, 19h45	10h
M 20	0h54 / 13h20		2h00, 8h15, 14h15, 20h45	★
J 21	2h13 / 13h35	CROISSANTE	3h15, 9h00, 14h30, 21h30	☊ 15h ; 3h
V 22	3h33 / 13h53		4h30, 9h45, 15h00, 22h15	★ ★
S 23	4h54 / 14h14		6h00, 10h45, 15h15, 23h00	★ 22h
D 24	6h14 / 14h41		7h15, 11h30, 15h45	—

50

51

Jour	Heures	Horaires	Repères
L 25	7h31 / 15h16	0h00, 8h30, 12h30, 16h15	
M 26	8h40 / 16h03	1h00, 9h45, 13h15, 17h00	16h ; 1h34 ○
M 27	9h37 / 17h01	1h45, 10h30, 14h15, 18h00	22h52
J 28	10h21 / 18h08	2h45, 11h15, 15h15, 19h15	21h
V 29	10h53 / 19h19	3h45, 12h00, 16h00, 20h15	
S 30	11h17 / 20h30	4h30, 12h15, 16h45, 21h30	15h
D 31	11h35 / 21h40	5h15, 12h30, 17h30, 22h45	
L 1	11h50 / 22h47	6h00, 12h45, 18h15, 23h45	A 16h
M 2	12h04 / 23h54	6h30, 13h00, 19h00	13h
M 3	12h16	1h00, 7h15, 13h15, 19h30	4h32 ◑
J 4	1h01 / 12h29	2h00, 7h45, 13h30, 20h15	♉ 20h
V 5	2h10 / 12h43	3h15, 8h30, 13h45, 20h45	
S 6	3h22 / 12h59	4h15, 9h15, 14h00, 21h45	8h
D 7	4h37 / 13h21	5h30, 10h00, 14h15, 22h30	18h

DECROISSANTE

DECROISSANTE

1

Association de plantes

Les plantes, notamment par les sécrétions de leurs racines, modifient leur environnement et de ce fait peuvent intervenir dans la croissance des plantes voisines. Ce phénomène a été observé et utilisé depuis très longtemps par les Chinois et les Indiens d'Amérique du Sud. Organiser son jardin en associant les plantes compagnes sera un facteur supplémentaire de réussite. Ces influences peuvent s'avérer plus ou moins fortes suivant le type de sol.

	Association favorable	Association défavorable
Ail	Fraisier, pomme de terre	Chou, haricot, pois, souci
Asperge	Concombre, persil, poireau, pois, tomate	Ail, betterave, oignon
Aubergine	Haricot, poivron	Pomme de terre
Betterave	Céleri, chou, échalote, laitue, oignon	Asperge, carotte, haricot à rame, poireau, tomate
Carotte	Ciboulette, échalote, haricot nain, laitue, oignon, panais, poireau, pois, radis, tomate, persil, cerfeuil	Betterave, poirée
Céleri	Betterave, chou, cucurbitacées, haricot, poireau, poirée, pois, tomate	Laitue, maïs, persil
Chicorée		Chou, courge
Chou (sauf rave)	Betterave, céleri, haricot, laitue, mâche, pois, pomme de terre	Ail, chicorée, échalote, fenouil, oignon, panais, persil, poireau, radis
Chou-rave	Betterave, céleri, laitue, poireau	Chicorée, fenouil, fraisier, radis
Concombre	Asperge, basilic, céleri, chou, ciboulette, haricot, laitue, maïs, pois	Pomme de terre, radis
Courgette et courge	Basilic, capucine, maïs	Radis, cardon, haricot
Échalote	Betterave, carotte, fraisier, laitue, tomate	Chou, fève, haricot, pois
Épinard	Chou, fraisier, haricot, navet, radis	Betterave, poirée
Fenouil	Céleri, poireau	Chou, haricot, panais, tomate

	Association favorable	Association défavorable
Fève	Artichaut, laitue, pomme de terre	Betterave, échalote, oignon
Fraisier	Ail, ciboulette, échalote, épinard, haricot, laitue, mâche, navet, oignon, poireau, souci, thym	Chou
Haricot	Aubergine, carotte, céleri, chou, épinard, fraisier, laitue, maïs, navet, pomme de terre, radis, souci	Ail, betterave, courgette, échalote, fenouil, oignon, persil, poirée
Laitue	Betterave, carotte, cerfeuil, chou, concombre, échalote, fève, fraisier, navet, oignon, poireau, pois, radis	Courge, persil, roquette
Mâche	Chou, fraisier, poireau, oignon	
Maïs	Cucurbitacées, haricot, pois, tomate	Betterave, céleri, pomme de terre
Navet	Pois, épinard, haricot, laitue	
Oignon	Betterave, carotte, concombre, fraisier, laitue, panais, persil, poireau, tomate	Chou, haricot, pois, fève pomme de terre
Panais	Carotte, oignon	Fenouil
Persil	Asperge, radis, tomate	Chou, haricot, laitue, pois
Poireau	Asperge, carotte, céleri, fenouil, fraisier, laitue, oignon, tomate	Betterave, chou, courge, persil, poirée, pois, poivron
Poirée (bette)	Céleri, laitue, oignon	Asperge, basilic, poireau, tomate
Pois	Asperge, carotte, céleri, chou, concombre, laitue, maïs, navet, pomme de terre, radis	Ail, échalote, oignon, poireau, persil
Poivron	Aubergine, tomate	Ail, poireau
Pomme de terre	Ail, capucine, céleri, chou, fève, haricot, pois, souci	Aubergine, concombre, maïs, oignon
Radis	Carotte, cerfeuil, épinard, haricot, laitue, pois, tomate, ail	Chou, courge
Tomate	Ail, asperge, basilic, capucine, carotte, céleri, échalote, maïs, œillet d'Inde, oignon, panais, persil, poireau, poivron, radis, souci	Betterave, chou-rave, fenouil, poirée, pois

Plan du jardin

Index

Les huiles essentielles au jardin

Condensé des principes actifs et volatils des plantes, les huiles essentielles sont très puissantes et peuvent être utilisées pour stimuler les plantes, prévenir les maladies, mais également pour détruire les virus. Naturelles et biodégradables, elles sont parfaitement adaptées au jardin, mais il ne faut pas en abuser, car elles sont très concentrées. Il est préférable d'en limiter l'utilisation à 3 pulvérisations maximum par plante tout en espaçant les pulvérisations de 2 à 3 semaines minimum.

Notre sélection des huiles essentielles les plus efficaces et dont le prix reste abordable :

- effet **stimulant** : basilic, menthe poivrée, origan compact, sarriette des montagnes, serpolet.
- effet **répulsif** : ail, clou de girofle, genévrier, poivre noir.
- effet **antiviral** : laurier noble, menthe poivrée, ravintsara, tea tree.
- effet **insecticide** : camphrier, citronnelle, clou de girofle, lavande vraie, tea tree.
- effet **antifongique** : cannelle de chine, origan compact, tea tree, thym à linalol.

Les huiles essentielles peuvent être associées (2 à 3 maximum) pour un même traitement. À la fois dans une même catégorie pour renforcer l'effet désiré, mais également entre différentes catégories pour élargir le champ d'action d'un traitement. **Exemple** : pour un meilleur effet répulsif, mélanger le poivre noir et le clou de girofle. **Recommandations** : le basilic est un bon stimulant pour les tomates. Éviter de pulvériser de l'ail sur les choux et les haricots. Éviter de mélanger le clou de girofle avec la lavande vraie ou le tea tree.

Pour une utilisation optimale des huiles essentielles au jardin, nous vous conseillons la préparation aux dilutions suivantes : **par litre d'eau, ajouter 1 ml d'huile(s) essentielle(s), 1 ml d'huile de colza et 1 ml de tensio-actif (savon noir ou liquide vaisselle biologique).** Si vous choisissez d'associer plusieurs huiles essentielles, conserver la proportion finale de 1 ml. L'ajout de l'huile et du savon sont nécessaires pour homogénéiser les huiles essentielles avec l'eau. Procéder toujours dans l'ordre suivant en remuant à chaque opération : dans un verre, mettre d'abord l'huile végétale, puis les huiles essentielles, puis le tensio-actif et pour terminer, mélanger à l'eau dans le pulvérisateur. Pour les maladies cryptogamiques et virales, ainsi qu'en répulsif, nous avons remarqué que le dosage d'1 ml n'était pas toujours suffisant. Nous avons pu constater une meilleure efficacité en augmentant la dose d'huiles essentielles à 3 ml (+3 ml d'huile +3 ml de tensio-actif). Cette dilution est suffisamment forte pour détruire les virus et les champignons sans pour autant brûler les plantes.

Pour plus d'efficacité, il est important d'utiliser une eau légèrement acide (voir « l'eau » p.35). Il est donc préférable d'utiliser de l'eau de pluie ou de source. Pour les plants, il est déconseillé de pulvériser le mélange en plein soleil, préférez la fin de journée. **Attention :** certaines huiles essentielles comme la sarriette des montagnes, la cannelle de Chine, le clou de girofle ou l'origan compact sont dermo-caustiques (brûlures de la peau) il est conseillé d'utiliser des gants pour éviter le contact avec la peau.